中公新書 2799

伊藤　直著

戦後フランス思想

サルトル、カミュからバタイユまで

中央公論新社刊

まえがき

第二次世界大戦後、フランスで花開いた思想は国内のみならず世界各国へと伝わり、大きな反響を呼び起こした。それは、遠く離れた日本でも例外ではない。実存主義を提唱し、国内外の思想界に君臨したジャン゠ポール・サルトル。あるいは、世界的ベストセラーとなった小説『異邦人』の作者であり、サルトルと並び称される思想家でもあったアルベール・カミュ。彼らの言説は新時代の思想として、当時の日本でも熱烈に受け入れられた。その著作の多くはフランスで刊行されると、時を争うかのように日本語への翻訳が進められたものである。

『戦後フランス思想』と銘打たれた本書は、第二次世界大戦が終結した一九四五年から、構造主義が台頭してくる六〇年代初頭にかけてのフランスで、旺盛な執筆活動や言論活動を展開した作家や思想家たちの紹介を目的としている。サルトルとカミュをはじめとする彼らの思想、すなわちいわゆる戦後フランス思想は、国内外の多くの人間の関心と注目を集めた。

ではそれは、いかなる理由によるものだったのか。無論、その答えは一つに限られるものではないだろう。しかしながら、第二次世界大戦終結の一年後にあたる一九四六年に、ドイツ出身の哲学者ハンナ・アレントが、パリで進行中の新たな知的ムーブメントに触れた次の一節は、戦後フランス思想の重要にしてユニークな特徴を活写している。

哲学者たちはジャーナリストになり、劇作家になり、小説家になる。彼らは大学教授の一員ではなく、ホテルに滞在し、カフェで暮らす「ボヘミアン」である〔……〕これが、パリで起きていることについての報告がおしなべて伝えている内容だ。〔……〕この新たなムーブメントの名は「実存主義」であり、その主導的リーダーはジャン゠ポール・サルトルとアルベール・カミュである〔……〕。

一般的な哲学者像とは異なり、戦後フランス思想の旗手となったサルトルとカミュは、自らの思索や執筆の対象を一つに限定しなかった。アレントが驚嘆と戸惑いを込めて記しているように、彼らは自らのさまざまな思想（哲学的、倫理的、美学的、社会的、政治的などと形容される思想）を、哲学書、小説、戯曲、エッセイ、文芸批評、時論などの複数の異なるジャンルを通じて、縦横に展開してみせた。と同時に、戦後フランス思想の担い手の多くは、世の喧騒から逃れた大学の研究室や自宅の書斎に閉じこもって孤独な省察に耽るのではなく、現行の社会や人間が抱えているさまざまな問題に対して、自らの回答ないし見解を公表する道を選んだ。要するに、彼らの言葉、思想、著作、そして存在は、同時代の広範な読者たちに向けて開かれていたのだ。ここに戦後フランス思想が、未曽有の荒廃と人的損傷をもたらした第二次世界大戦の終結以降、新たな価値観や生き方を求めていた多くの人びとを惹きつけた要因の一つを、まずは読みとれるだろう。

同時に以上からは、彼らの創作活動全体を貫く大きな特徴の一つである、哲学と文学の密接な繫《つな》がりも見えてこないだろうか。サルトルは、広く実存主義の呼称で一世を風靡《ふうび》することになる自らの哲学を大著『存在と無』にまとめる一方で、『嘔吐』や『自由への道』といった長編小説の執筆にも精力的に取り組んでいる。そのうえ、『蠅《はえ》』や『出口なし』などの戯曲を次々に執筆し、上演した。同じことはカミュにも当てはまる。彼は同一の思想的テーマのもとに、小説、戯曲、哲学的エッセイを立て続けに構想し、執筆するという離れ業を演じた。世界や人生の不条理性を、小説『異邦人』、戯曲『カリギュラ』、エッセイ『シーシュポスの神話』の三幅対の作品によって、総合的に喚起し、表現し、論じたのだ。あるいは、哲学者ミシェル・フーコーが「今世紀のもっとも重要な書き手の一人」と評し、三島由紀夫が深く傾倒していたジョルジュ・バタイユ。その一連の作品を振り返ると、『内的体験』や

『呪われた部分』といった独創的な思想的著作と隣り合うように、『マダム・エドワルダ』などの官能と戦慄に満ちた小説が存在しているのだ。

彼らは自らの思想を哲学的著作にまとめるのみならず、それを小説や戯曲などの文学作品にも絶妙に溶け込ませて提示したのだった。同様に、彼らの哲学的著作も、無味乾燥な論証の集積ではなく、精彩に富んだフレーズや、ときには謎めいた比喩や暗示もちりばめられた文学的なテクストといった側面を備えてもいる。こうした哲学と文学の相互浸透を考慮に入れるのならば、彼らに関しては、その哲学的著作のみならず、文学的著作も視野に収め、両者のあいだを往復することで、それぞれの思想の輪郭が浮かび上がってくるだろう。

戦後フランス思想と言えば、ややもすれば知の巨人として時代に君臨していたサルトルの一連の仕事に代表されてしまいがちである。とはいえ、この時代の知的潮流は、サルトル一人の活躍のみに還元されるわけではないし、彼が提唱した実存主義のみに集約されるわけでもない。すなわち、互いに共通点を持ちながらも、独自性を有している複数の思想が、時には互いに影響を及ぼし合い、時には鋭く対立しながら、全体的に一つの星座を構成しているかのように見えるのだ。

無論、本書の紙幅では、すべての星々を網羅するのは不可能である。そこで、ひときわ眩《まばゆ》い光を発していた、あるいは、とりわけ個性的な輝きを放っていた何人かの作家ないし思想家たちを紹介することにしよう。

第1章では、「思考の師（maître à penser）」として、パリはセーヌ河の左岸から全世界に向けて自らの思想を発信していたサルトルの仕事を振り返る。その哲学的著作と文学作品、さらには彼が主幹を務めていた総合誌『現代』での執筆活動も含めて取り上げながら、実存、自由、政治的社会参加《アンガジュマン》などをめぐって展開された思想を概観したい。

第2章は、世界は不条理であると告げながらフランス文壇に登場し、ほどなくして不条理や不正、悪や抑圧に対する反抗を提唱した、フランス領アルジェリア出身の作家カミュの著作を取り上げる。サルトルとは実存主義の兄弟とも評されたカミュだが、最終的に両者は真っ向からの対立にいたる。そこで、サルトルとの比較も踏まえながら、その思想と作品の独自性を見る。

続く第3章では、サルトルの生涯のパートナーであり、自由で自立した新時代の女性像を体現した、シモーヌ・ド・ボーヴォワールの仕事を振り返る。女性解放運動の先駆的著作『第二の性』の作者は、『招かれた女』などの小説も書き残している。哲学と文学の双方から、ボーヴォワールの思想を眺めてみたい。

第4章では、身体を基盤とする新たな哲学ないし現象学的思想を構築する一方、サルトルが主幹を務める総合誌『現代』の政治部門の責任者として、戦後フランスの政治的言論をリードしたモーリス・メルロ＝ポンティの仕事を、主著『知覚の現象学』を中心に紹介する。

そして第5章では、自らを「哲学者ではなく聖人であり、おそらくは狂人である」と称し、「至高性」「非‐知」などの既成の知の体系におさまらぬ思想と、読者の度肝を抜くような文学作品を世に放ったバタイユの仕事を論じる。

第6章と第7章は、第二次世界大戦終結から冷戦の開始を経て、米ソ両陣営の対立による全面的核戦争の危機が高まるといった、予断を許さぬ歴史の大きな流れのなかで、以上に述べた作家たちのあいだで交わされた批判や論争を年代順にピックアップする。対立の争点の分析を通じて、彼らの思想やスタンスの本質的異同が測れれば幸いである。

まず第6章では、実存と神秘、自由と隷属をめぐるサルトルとバタイユの対立を、次いで、歴史と暴力をめぐるカミュとメルロ＝ポンティの対立を検討したい。

第7章では、当時の日本でも大きな注目を集めたサルトルとカミュの論争をこんにちの視点から振り返ってみよう。さらにはメルロ＝ポンティによるサルトル哲学への辛辣《しんらつ》な批判およびやはり辛辣なボーヴォワールの反批判も読み直す。最後には、戦後フランス思想を牽引《けんいん》したサルトルに代わって、新たな思想の担い手となっていく作家や哲学者たち、たとえば、クロード・レヴィ＝ストロースのサルトル批判を紹介しながら、総括を試みたい。

なお、本書におけるフランス語の著作の引用に関しては、日本語訳があるものはそれを大いに参考にしている。ただし、主として本文の表記の統一などの修辞的な理由により、訳文の一部に修正を加えざるを得なかった。訳者のみなさまへの心からの感謝とお詫びをあらかじめ伝えておきたい。

目次

戦後フランス思想

序章　ナチ・ドイツから解放されて

一九四五年八月、広島・長崎への原爆投下と日本の降伏を経て、第二次世界大戦はついに終結した。それから、二ヵ月後。実存主義を提唱し、戦後フランス思想の旗手となるサルトルは、自らが主宰する総合誌『現代』の「創刊の辞」にてこう述べている。「私たちは作家が自らの時代をきつく抱きしめることを望むのだ」。さらには、「私たちは、私たちの時代において熱烈に闘争するだろう」し、「私たちの時代を熱烈に愛するだろう」し、「私たちの時代とともに完全に滅びることを引き受けるだろう」とも力強く宣言する。

戦後フランス思想の担い手たちが、一様にこうした情熱（および滅びの美学？）に衝《つ》き動かされてペンを走らせていたかは定かではない。そもそも、彼ら全員が実存主義者を名乗ったわけではないし、その世界観も芸術観も決して一様ではない。とはいえ、その著作のいくつかは、同時代的な現実との対決を通じて生み出され、それゆえに大きな反響をリアルタイムで呼び起こしたのは確かだ。では、彼らがそのなかで思索し、執筆し、そして闘争したのはいかなる時代だったのか。手短に振り返ってみよう。

「私の属している世代は擾乱《じょうらん》に満ちている」。バタイユの晩年の評論集『文学と悪』は、こんな書き出しではじまっている。第一次世界大戦、ロシア革命、ファシズムの台頭、第二次世界大戦、東西分裂、冷戦、インドシナ戦争、アルジェリア戦争……継起した戦争や政治的動乱は、バタイユのみならず二〇世紀を生きた多くのフランスの作家たちの思索と著作の随所に爪痕《つめあと》を残している。とりわけ、顕著なのが第二次世界大戦。一九四〇年六月、ドイツ軍の侵攻によりパリは陥落し、フランスは休戦協定を結び降伏した。パリを含む北部と西部は占領され、親独政府であるヴィシー政権が誕生する。時をほぼ同じくして、のちに救国の英雄とも称されるシャルル・ド・ゴール将軍が、亡命先のロンドンから抗戦の継続をラジオ放送で訴える。以降、フランス国内でも占領軍に対する抵抗運動が徐々に形成されていく。

結局、連合国軍のノルマンディー上陸を経て、四四年八月にパリが解放されるまで、フランスはナチ・ドイツの軍靴に踏みにじられた。たとえばカミュは、この「夜の四年間」をこう振り返っている。「正義を同時に要求することなく、自由を望むことなど断じてない。というのも、自由のみが飢え苦しむこの民衆の唯一の支えの糧であったあの四年のあいだに、民衆の正義への渇望も同じくらい増大したのだから」。当然のことながら、ドイツ占領下のフランスでは、言論や思想の自由も含めて、自由なるものは著しく制限された。さらには、作家や知識人も含めた当時のフランス人たちは、自国の命脈を保つという名目から、あるいは保身のために占領軍に協力する者、自国の解放を求めて地下に潜り抵抗する者、日和見《ひよりみ》を決め込もうとする者などに分裂した。すなわち、何が正義で誰が正しいのかさえも一概には言い切れない、そんな社会的、倫理的秩序が崩壊した状況だったのだ。

カミュが述べるように占領下の隷属と混沌《こんとん》の日々が、自由と正義を否《いや》が応でも人びとに渇望させたとすれば、その後にやってきた思想はそれに応えんとするものだったと言える。たとえば、サルトルが提唱した実存主義。人間の根源的な自由を表明するこの哲学は、長年の戒厳令や拘束から解放されたフランス人たちのあいだに強い共鳴を呼び起こし、巨大な思想潮流を形成していく。正義への渇望にはどのように応えたのか。占領下のフランスは対独協力と対独抵抗に引き裂かれたが、その後、ドイツが敗北を喫すると、その非を問われた対独協力者たちには、粛清という名の「裁き＝正義（justice）」が下された。もっとも、正義をめぐる混沌とした議論に終止符は打たれなかった。戦後ほどなくして、米ソ両陣営がそれぞれの立場から大義を掲げて、世界を二分して睨《にら》み合う冷戦の時代が幕を開ける。第三次世界大戦や核戦争の危機が叫ばれるなかで、正義とは何か、誰が正しいのかという問いは一国の運命を超えて、人類全体の未来にかかわる問題へと拡大していく。

緊張に満ちた歴史の渦中にあって、戦後フランス思想の担い手の多くは、沈黙を選ぶのではなく、それぞれの立場から進むべき道を語った。「私たちにとって最良と思える方向性を歴史に対して与えることが重要なのだ」とサルトルが言えば、「こんにち私たちが正しいと知っている姿に似せて、歴史を創造すること」が人間の任務だとカミュも述べる。ときに激しい火花を散らした彼らの言葉には、人生の意味や人類史の行く末を真摯に考える同時代人の多くが無関心ではいられなかった。

ここで重要な問いがいくつも生まれる。サルトルやカミュらの思想がフランス内外で反響を呼んだ背景には、従来の倫理的価値観や社会的秩序が崩壊した戦後という時代の空気があったのは間違いない。だが、彼らの言葉や存在が時代の特定の状況と密接に結びついていたのならば、第二次世界大戦や冷戦がすでに遠い過去となったこんにち、かつて一世を風靡したその著作や思想もとっくに賞味期限が切れているのではないか？　はたして、二一世紀の世界でも、彼らの哲学的著作は、小説や戯曲などの文学テクストは、いまなお読者の関心を呼び起こせるのか？　「私たちの時代とともに完全に滅びる」というサルトルの念願は叶《かな》ったのか？　その答えはここで強引かつ拙速に記すのではなく、これから戦後フランス思想を彩った作家たちを個別に紹介するなかで断片的に、そして本書の末尾にて総括的に記そう。

第1章　時代を席巻する実存主義——サルトル

I　知の巨人の軌跡

万能作家

サルトルは、当時可能であったほぼすべてのジャンルの文章をてがけた作家である。長編小説、短編小説、自伝的小説、戯曲、哲学、伝記、文芸批評、ルポルタージュ、時事評論、映画のシナリオ、さらにはシャンソンまで。多彩な言葉と表現を自在に操りながら、フランスのみならず世界各国の、それも一般人から知識人にいたるまでの広範な読者層に向けて、自らのメッセージを発信し続けた。

もし、サルトルが二一世紀に生きていたら、どのような創作活動を展開するのだろうか。やはり文学に哲学にと忙しくキーボードを叩きつつ、ＳＮＳなども駆使しながら、自らの意

サルトル（1905〜80）　Ullstein bild/アフロ

見や思想を全世界の人間たちに送り続けることで、時代を牽引するのだろうか。想像は尽きないが、第二次世界大戦後の知の世界に君臨した巨人の来歴と仕事を、まずはスケッチ風に描いてみよう。

言葉に育まれた少年

ジャン＝ポール・サルトルは一九〇五年六月二一日にパリで生まれた。一歳のときに父親が病気で亡くなると、残された母親とともに、パリ郊外にあった母方の祖父母の実家に引き取られる。なお、その祖父シャルル・シュヴァイツァーは、ノーベル平和賞を受賞したアルベルト・シュヴァイツァー博士の伯父にあたる。サルトルの幼少期は、自伝的小説『言葉』に詳しい。本の虫であった彼は、祖父の書斎を遊び場にして、コルネイユ（一七世紀フランスを代表する劇作家）やヴォルテール（一八世紀フランスの啓蒙思想家）と「親類づきあい」をしていたそうである。『言葉』では、書物に刻まれた膨大な言葉を媒介にして世界を発見していく知的で早熟な少年の姿が、華麗な筆致で描かれている。

物心つく前に父親を亡くし、兄弟姉妹もいなかったものの、サルトル自身は父親の不在を肯定的に捉え、「私は〈超自我〉を持っていない」と豪語している。「超自我」とは、フロイトの精神分析の用語で、幼年時代に両親を通じて形成される命令的規範を指す。父性的な権威や抑圧を知らずに成長したことは、後年、自由を主軸とする哲学を築きあげる下地となったとも考えられよう。

作家へ、そして哲学者へ

一九二四年、文科系の学校の最高峰であるパリの高等師範学校《エコール・ノルマル》に入学。いまも昔も難関極まる入学試験で知られる同校の卒業生《ノルマリアン》には、フランスを代表する作家、哲学者、政治家などがきら星のように並んでいる。たとえば、サルトルの同期にはレーモン・アロン（政治学者、哲学者）やポール・ニザン（作家）が、一年後輩にはジャン・イポリット（哲学者）が、二年後輩にはメルロ＝ポンティがいた。生涯のパートナーとなるボーヴォワールと出会うのも高等師範学校時代だった。

一九二九年に哲学の教授資格を取得。三一年より教職に就くが、三三年には新たな思想を求めてベルリンに一年間留学。主としてフッサールの現象学を学び、想像力についての研究を進めていく。このころ、長編小説の執筆にも着手したが、なかなか思うようには進まない。

執筆過程でタイトルも何度か変更されており、試行錯誤のあとがうかがえる。最終的に若き日のサルトルが精魂を傾けた長編小説は、出版社からの提案で『吐き気』（一般には『嘔吐』の邦題で知られる）という題名を冠されて三八年に刊行された。作家としては遅咲き、三三歳でのデビューだった。

『嘔吐』出版の翌年には短編小説集『壁』を発表、文壇での地位を着々とかためていく。そんな矢先、第二次世界大戦が勃発。召集され砲兵隊気象班に配属されるが、一九四〇年にドイツ軍の捕虜となる。まずはロレーヌ地方の収容所に、次いでドイツのトリーアの収容所に送られるが、翌年春に視力障がいを抱える一般市民を自称して釈放され、パリへの帰還を果たす。それまでの彼は、政治や社会とは距離を保つアナーキーな個人主義者であったが、自らの意思にかかわらず巻き込まれた戦争の経験は、作家の政治的社会参加《アンガジュマン》を提唱する戦後のサルトルを生み出すだろう。

パリに戻ってからは、主としてカフェで執筆に打ち込み、七〇〇ページの哲学書『存在と無』を完成させる。四三年、ドイツ占領下のフランスで出版されるが、反響は小さい。人間の自由を謳《うた》う実存主義のバイブルとして、同書に本格的な注目が集まるには、フランスが占領から解放され、言葉と思想も解き放たれる戦後を待つ必要があったのだ。

全体的知識人

一九四四年のパリ解放以降、サルトルの旺盛な執筆活動がはじまる。翌年には、かねてから構想を温めていた総合誌『現代』を、メルロ＝ポンティやボーヴォワールらの協力のもとに創刊。以降、編集長として全体の統括にあたりながらも、文芸批評、時事評論などを続々と同誌に発表し、戦後フランス思想の旗手としてめきめきと頭角を現わしていく。

四五年一〇月には、「実存主義はヒューマニズムか」と題した講演をパリのクラブ・マントナンで開催。自らの哲学を一般大衆向けに平易に語ることを目的としたこの講演には、会場のキャパシティーをはるかに超える聴衆が殺到し、混雑と興奮のあまり失神する女性も出た。翌日の新聞は、入場できずに入り口で座り込む人びとの写真を添えて、その異様な熱気を報じている。なお、この講演は日本語も含めた数ヵ国語に翻訳され（日本語版のタイトルは『実存主義とは何か』）、世界各国で実存主義ブームを巻き起こす起爆剤となった。

その後もサルトルは、「同時代の人間のために書く」という自らの宣言通り、多様な読者層に向けて、さまざまなジャンルの作品を驚くべきペースで書きあげていく。代表的なものをいくつか挙げてみよう。

長編小説『自由への道』の第一部と第二部（一九四五年）、マルクス主義に言及した論文「唯物論と革命」、評論『ユダヤ人』、戯曲『墓場なき死者』と『恭しき娼婦』（いずれも四六

1966年、来日したサルトルとボーヴォワール

年)、作家論『ボードレール』と評論『文学とは何か』(四七年)、戯曲『汚れた手』(四八年)、長編小説『自由への道』の第三部と第四部断片(四九年)、作家論『聖ジュネ』と政治評論『共産主義者と平和』(五二年)、戯曲『ネクラソフ』(五五年)、哲学書『弁証法的理性批判』第一部(六〇年)、自伝的小説『言葉』(六四年)、一九世紀フランスの作家フローベールを論じた大著『家の馬鹿息子』(七一年に第一部と第二部が、七二年に第三部が刊行)など。

精力的な執筆活動のかたわら、サルトルはフランスを代表する知性として、各国の政治的指導者たちの招待に応じ、外交大使さながらに世界中を飛び回った。その盛名が絶頂に達した一九五〇年代および六〇年代には、ソ連、中国、キューバ、ユーゴスラビアなどの共産圏諸国を訪問し、フルシチョフ、毛沢東、カストロ、ゲバラ、チトーらとの会見を果たしている。そのほかにも、イタリア、エジプト、日本などを訪問し、各国で熱烈な歓迎を受けた。

六四年にはノーベル文学賞に輝くが、これまで公式な表彰はすべて断ってきたし、生きながら神聖化されるのは望まないなどの理由から、受賞を拒否。自らの意思で同賞を拒んだ初の作家として注目を集めた。

サルトルは文学と哲学を中心に膨大な文章を紡ぎ出したのだが、二つの領域を活動の場とした書き手は、「まえがき」でも触れたように彼だけではない。だが、哲学者ジャン＝リュック・ナンシーが、「誰一人として、同じくらいの強度で作家であり、哲学者であったものはいない」と評すように、文学と哲学、それぞれの領域で当時の最高峰クラスの作品を残したという点で、サルトルは他の追随を許さない。のみならず、自らの雑誌を創刊し、時事的な問題に都度発言をおこない、世界の国家元首との会談にも臨んだ。サルトルは無数の知的領域に進出し、思考し、執筆し、発言し、行動したのであり、社会学者ピエール・ブルデューの言葉を借りれば、二〇世紀最大にして最後の「全体的知識人」である。

このような知の巨人の全体像を描くのは不可能だが、サルトルをサルトルたらしめている最大のゆえんは、文学と哲学の総合にあるのだろう。実際、晩年の彼は「私が書いたものすべては、同時に哲学であり文学だ」とも語っている。そこで、代表的ないくつかの小説や戯曲、そして哲学的著作を紹介しながら、自由という概念を軸に展開されたその思想を振り返ってみよう。

II　存在の不条理性――『嘔吐』

「作者の死」？　「寛大性に基づく契約」？

サルトルの文学作品といえば、文壇デビュー作であり、推敲に推敲を重ねて完成した『嘔吐』を外すわけにはいかない。出版後すぐに、この長編小説は批評家や文学研究者のみならず、多くの一般読者の注目を集めた。日本でも戦後まもなく翻訳が出ている。その後も世界各国で読み継がれ、二〇世紀フランス文学を代表する小説の一つとなった。

『嘔吐』は、主人公アントワーヌ・ロカンタンの日記という体裁を持った一人称小説であり、哲学的雰囲気に満ちた作品である。そのいくつかの場面やセリフは、五年後に出版される哲学書『存在と無』の議論を彷彿《ほうふつ》とさせる。もっとも、複数の論者が指摘しているように、『存在と無』を格子にして『嘔吐』を一字一句読み解こうとすれば、往々にして強引な解釈に陥りがちである。基本的に両者は互いに独立した、されど共鳴する部分もある作品とみなすべきだろう。実際、多様なテーマが凝縮されている小説『嘔吐』は、複数の解釈の可能性に開かれている豊穣《ほうじょう》な文学作品である。時間と空間を超えて、世界各国でさまざまな読者を獲得するにいたったのが何よりの証左であるし、サルトル自身も晩年のインタビューにて、

「まったく文学的な観点からすると、あれ〔『嘔吐』〕は私が書いた一番いいものだろうな」と振り返っている。

とはいえ、複数の解釈の可能性に開かれている豊穣な文学作品などと記せば、次のような反論を招くかもしれない。総じて文学作品を読む際には、主観的な解釈を排除して、文章に込められた作者の意見や思想を客観的に読み取るべきである、といった反論だ。事実、現代文の試験では、「作者の考えをX文字以内で記せ」といった設問に誰もが一度は直面しただろう。はたして、文学作品はどう読むべきなのか。『嘔吐』の中身に入る前に少し寄り道をする形にはなるが、一九六〇年代以降、時のフランス文壇を大いに賑わせた、文学作品の受容や読み方をめぐる批判や議論をごく手短に確認してみよう。

小説などの文学テクストが唯一絶対の意味を宿しており、ただ一つの読み方しかありえないという紋切り型の通念は、文芸批評家ロラン・バルトらによる激しい攻撃にさらされた。というのも、「テクスト（texte）」には（「織る、編む」を意味するラテン語texereという語源が示唆するように）、作者が意図したであろうメッセージのみならず、作者の無意識的な記憶や取り留めのない人生経験、同時代の文化的事象や歴史的背景などといった無数のファクターが、複雑に絡み合っている。ならば、十重二十重《とえはたえ》に織り込まれたテクストをどのように紐解《ひもと》いていくかは、読者各人の解釈や自由に委ねられるべきではないか。文学テクストには作者が込めた唯一正しいメッセージなどは読み取れず、読者による多様な解釈のみが存在する……。こうした考えをラディカルに推し進めるならば、作者のメッセージのみならず存在自体が、もはや読者にとって不要となる。生産的で豊かなテクスト読解の可能性と、その担い手としての読者が誕生すると同時に「作者の死」が到来するだろう。こうしてバルトは宣言する、「読者の誕生は「作者」の死によってあがなわれねばならない」と。

では、これから紹介する『嘔吐』の作者であり、卓越した作家論や文芸批評も残したサルトルは、文学作品を媒介にしての作者と読者との関係をどう捉えていたのか。評論『文学とは何か』では、「こうして作者は読者の自由に呼びかけるために書き、自らの作品を存在させることを読者の自由に対して要求する」という風に、読者が文学作品を読み、各自の解釈に基づきそれを再構成ないし再創造する自由をサルトルは承認する。と同時に、「作者の創造的自由を承認すること」も読者に対して忘れずに要求している。結果として双方向的に呼びかけられるのは、バルトが述べるような「作者の死」あるいは読者の死といった一方による他方の抹殺ではなく、「作者と読者とのあいだの寛大性に基づく契約」である。というのも、読者は作者の創造の自由を、作者は読者の読解の自由を互いに気前よく承認し合うことで、文学作品は書かれ、読まれ、存在し得るのだから。読むという参加型の自由な行為が、もともとは紙とインクのかたまりに過ぎない物体を、芸術作品としてあらしめてくれるのだから。

こうしたサルトルの鷹揚《おうよう》な呼びかけに応じるのならば、現代文の試験問題と睨み合うかのように、一字一句のズレも許さぬ不寛容な模範解答を求めて文学テクストを読むプレッシャーや窮屈さからは、当面のあいだ自由になれるだろう。

ロカンタンとマロニエの樹

さて、『嘔吐』の主人公ロカンタンは三〇歳の独身青年である。フランスの架空の港町ブーヴィル（執筆当時のサルトルが教師として赴任していたフランス北部の町、ル・アーブルがモデル）のホテルを住処《すみか》として、自由にあるいは孤独に暮らしている。町の図書館を利用して、ロルボン侯爵という一八世紀の陰謀家の研究を日々おこなっているが、それは生活のためではない。彼は、働く必要のない金利生活者なのだ。

ロカンタンの日記ないし物語は「何かが私に起こった」という書き出しではじまる。ミステリー小説さながら、この「何か」の正体と原因を彼は探していくのだが、まずは、海辺でふと小石を握ったときに感じた甘ったるい吐き気が脳裏によみがえる。「それは小石から私の手に伝わってきたのだ。そう、それだ、まさしくそれだ。それは手のなかの一種の吐き気だった。」以降、この奇妙な吐き気はいたるところで不意に彼を襲うのだが、ある日、公園のベンチに座り、マロニエの樹を前にした際に、決定的なひらめきを得る。少し長くなるが、『嘔吐』のなかでも一番有名な場面を引用しよう。

マロニエの根は、ちょうど私のベンチの下で、地面に食いこんでいた。それが根であるということも、私はもう憶えていなかった。言葉は消え失せ、言葉と一緒に物の意味も使い方も、人間がその表面に記したわずかな目印も消えていた。〔……〕そのとき私はあのひらめきを得たのである。〔……〕存在は突然ヴェールを脱いだのである。存在は抽象的な範疇《はんちゅう》に属する無害な様子を失った。それは物の生地《きじ》そのもので、この根は存在のなかで捏《こ》ねられ形成されたのだった。というよりもむしろ、根や公園の鉄柵や、ベンチや、禿げた芝生などは、ことごとく消えてしまった。物の多様性、物の個別性は、仮象にすぎず、表面を覆うニスにすぎない。そのニスは溶けてしまった。あとには、怪物じみた、ぶよぶよした、混乱した塊が残った――むき出しの塊、恐るべき、また猥褻《わいせつ》な裸形の塊である。

この一節を読むだけでも、サルトルが文学と哲学の総合を目指していたのが感じ取れるだろう。「怪物じみた、ぶよぶよした、混乱した塊」「むき出しの塊、恐るべき、また猥褻な裸形の塊」などの強烈な印象を残しながら連鎖する比喩的表現と、ありのままの存在をめぐる哲学的思索とが渾然一体となった文章に、下手な説明を加える必要はないかもしれない。それでも、読み手の自由を承認するサルトルに応じ、あくまで一つの解釈を与えてみよう。

まず注目されるのはやはり一連の隠喩的表現である。たとえば、マロニエの根やベンチなどの事物は、ふだんはヴェールを被せられていたり、ニスで覆われていたりと、本来の姿ないし存在が隠蔽されているらしい。では、ヴェールやニスとは何を喩《たと》えたものなのか。引用中の文言を借りれば、「言葉」、事物の「意味」や「使い方」、「個別性」などがそれに該当するだろう。というのも、ほとんどの事物にはあらかじめ言葉ないし名前がつけられている。ロカンタンが対峙している植物にはマロニエという名が、彼が居る空間には公園という名称がそれぞれ与えられている。個々の事物の意味や使い方も普段ははっきりしている。ベンチは人がその上に座るための道具、公園の芝生は散策や憩いの空間といった意味や使用法をたずさえて、それぞれがしかるべき場所に配置されているのを私たちは知っている。

しかしながら、何かの拍子で、慣れ親しんでいる個々の事物の意味や使用法が、あたかもヴェールをはぎ取られ、ニスが溶けだすかのように事物の表面からはげ落ちてしまったらどうなるだろうか。その際には、いままで当たり前に眺められていた日常世界が崩壊し、無意味で不可解な塊となって出現するかもしれない。

たとえば、同じ一つの漢字をずっと眺めていると、当初は一つの全体として眺められ意味を持っていたものが、バラバラのパーツの不気味な塊に見えてきて、急に意味が取れなくなり、気分が悪くなってしまうかのように。かくして、ロカンタンに吐き気をもよおさせる「むき出しの塊、恐るべき、また猥褻な裸形の塊」とは、あるがままの存在として不意に現れ出た樹の根やベンチ、鉄柵、芝生、ひいては公園全体だと解釈できそうだ。

事物から意味が抜け落ち、むき出しの存在が現われるといった異様な経験に直面したロカンタンは、物も人もすべて、根本的には意味もなく偶然に存在しているというひらめきを得る。と同時に、彼を襲った吐き気の原因にも気がつく。この世界の一切は、もちろんロカンタン自身も含めて、無意味に存在している余計者にすぎない。こうした存在の無償性や不条理性、それに漠然と襲われた際に吐き気が生じていたのだ。「すべては無償だ、この公園も、この町も、私自身も」。こうして、彼はロルボン侯爵の研究を放棄して、ブーヴィルを去ることに決める。一方では白紙となった自らの人生を前に途方に暮れつつも、他方では自らが自由であるとも感じながら、一冊の書物を、たとえば小説を書こうと決意する場面で、物語に幕がおりる。

人間はこの世界の無意味な余計者であるし、すべて存在するものは猥雑で胸をむかつかせる。もっとも、『嘔吐』が喚起するこうした存在の偶然性や不条理性は、サルトルにとっては結論ではなく出発点である。というのも、物語の結末が示唆するように、人間は無意味に存在しているからこそ、どこまでも自由であるといった逆転の発想に基づき、サルトルは実存主義と呼ばれる自らの哲学を構築していくのだから。続いて、哲学書『存在と無』および、実存主義ブームの火付け役となった『実存主義とは何か』を眺めてみよう。

Ⅲ　自由をめぐって――『存在と無』『実存主義とは何か』『蠅』『出口なし』

「即自」と「対自」

哲学書といえば難解でお堅いイメージがあるが、『存在と無』は一味違っている。喧騒に満ちたカフェの精彩に富んだ描写に始まり、初デートでの男女の駆け引き、ドアの鍵穴からの覗き行為などの好奇心をかき立てる具体例をおり交ぜながら、密度の高い専門的な論証が展開されていく。難解ではあるが、作家サルトルの力量が随所で示された哲学書と言えよう。

原文で七〇〇ページを数える『存在と無』の全容を網羅するのは不可能だが、主として同書が論じているのは、人間の存在が構造的に自由であること、およびそのさまざまな帰結だと言える。なお、一連の論証は、「即自存在」と「対自存在」という二つの存在様式の区分を設けたうえで、展開される。即自や対自とは耳慣れない言葉だが、複数の論者が述べているように、大きく言えば、即自とはマロニエの樹や公園の芝生やベンチなどの「事物」を、対自とは人間の「意識」をそれぞれ指していると考えてよいだろう。そこで、同書のキータームである即自（事物）と対自（意識）の違いに注目しながら、人間がなぜ自由であるのかを簡潔に見ていく。

サルトルは現象学をベースに哲学的探究を開始した。現象学の始祖フッサールは「意識とは何かについての意識」であると規定している（現象学については本章ではこれ以上踏み込まず、メルロ＝ポンティを紹介する第4章で改めて触れたい）。サルトルもまた、人間の意識（対自）は、何らかの志向された対象をかならず持つと述べる。

たとえば、本書の執筆に行き詰ったとき、私の意識はパソコンのモニターから離れ、その横に置かれているスマートフォンへと向かう。そして、気分転換にメールやラインのチェックでもしようか、などと考える。反面、事物（即自）であるスマートフォンが私に意識を向けて、もっと仕事に精を出せなどと考えることはない。こうした当たり前の事実からは、意識（対自）は常に何らかの対象を持つが、その対象となるのが事物（即自）であり、その反対はあり得ないという基本的な関係がまずは浮かんでくる。

もっとも、人間の意識（対自）が対象とするのは事物（即自）だけではない。というのも、人間は自分自身も意識の対象にできるからだ。束の間の気分転換としてスマートフォンを手にしたはずが、時間を忘れてユーチューブの視聴に耽ってしまったならば、その後、私は自分自身に反省的に意識を向けて、何て怠惰な奴なのか、などと考えだすだろう。こうした自己を対象とする際の意識の構造をサルトルは精密に分析する。そして、「意識」と「対象として意識されている自己」とは、完全なる同一性のなかで合致しているのではなく、両者のあいだには裂け目（サルトルは「無」とも呼ぶ）があるとする。

なかなか込み入った話ではあるが、先の例に戻るならば、私の意識は、ユーチューブに夢中になってしまった自己を、自分自身でありながら他者であるかのように切り離して捉え、「怠惰な奴」として対象化しつつ、あれやこれやと反省を連ねていると言える。また、自らの怠惰さを痛感した私は、そのような自分を否定する形で、勤勉な人間となるべく明日からは本書の執筆に打ち込もうなどと（性懲りもなく）企てるにも違いない。

以上を踏まえながら、『存在と無』の即自存在と対自存在の難解な定義を見てみよう。「即自存在はそれがあるところのものであり、それがあらぬところのものではあらぬもの」であり、「対自存在は、これに反して、それがあらぬところのものであり、それがあるところのものではあらぬもの」と記されている。禅問答にも似た晦渋《かいじゅう》な定義だが、かみ砕いてみたい。

まず、自らの意識を持たない即自存在ないし事物は、常に同一性のなかに留まっており、「それがあるところのもの」以外の何かにはなれない。事物であるハサミが自らの意思で紙になったり、紙が自発的に石ころになったりするのは不可能な芸当だ。では、自らの意識を持つ対自存在である人間はどうか。人間は事物のみならず自分自身をも意識の対象にできる。そして、「それがあるところのもの（＝怠惰な奴）」では「あらぬもの（＝勤勉な人間）」になろうと企て、将来に向けて行動を起こすことも可能である。

このように、これまでの自分を乗り越えて、新たな自分になろうという「企て」に即しつつ、自らを未来に向けて「投げだす」ことを、サルトルは「投企（projet）」と呼ぶ。人間の存在が構造的に自由である根拠が見出されるのは、まずはこの投企の運動においてである。すなわち、事物のように同一性にがっちりと拘束されているのではなく、新たな自分や、新たな目標や可能性に向かうことで、人間は絶えず自らを乗り越えて（「超越」して）いけるからこそ自由なのだ。一つの目標が達成されれば、さらなる目標へと、挫折した場合にも異なる目標へと自己を投げることで、留まることなく自分自身を更新していく軽やかで自由な存在——サルトルによれば、それが人間である。次に『実存主義とは何か』を中心に、人間が自由である根拠をさらに探ってみよう。

「実存は本質に先立つ」

『実存主義とは何か』は、一九四五年にサルトルが自らの哲学を一般向けに語った講演「実存主義はヒューマニズムか」を書籍化したものだ。「実存は本質に先立つ」という有名なフレーズで知られる著作でもある。実存主義のスローガンとして、広く人口に膾炙《かいしゃ》したこの名句は何を物語っているのだろうか。

　まずは、サルトル哲学の代名詞でもある「実存」という語の意味を確認してみよう。「実存」とは、フランス語名詞 existence の日本語訳である「現実存在」を省略した表現であり、「現実に存在するもの」といった意味を持つ。なお、現実存在の対をなすのが「本質存在」である。両者の違いを簡潔に述べると、本質存在は「Xは……である」といった形で、現実存在は「（とある）Xがある」といった形で言い表される。

　たとえば、「万年筆は筆記用具である」の「である」は、すべて万年筆なるものは筆記用具（書くための道具）だという普遍的な本質を示している。それに対し、「机の上にとある万年筆がある」の「がある」は、とある色や形などをたずさえた一本の万年筆が、個として現実に存在していることを示している点で、本質存在とは区別される。

　それでは、個々の人間は、万年筆は筆記用具であるといった風な、何らかの普遍的な人間の本質を、要するに「人間は……である」といった本質をたずさえた上で、この世界のなかに現実に存在し、生きているのだろうか。この問いに対する明快な答えが、「実存は本質に先立つ」である。

すなわち、万年筆のような事物とは異なり、人間は本質に先立つ形で現実に存在している（実存している）とサルトルは断言する。『実存主義とは何か』が明快に説明しているように、事物を、たとえばペーパーナイフを職人が作成する際には、その用途や形状がすでに頭のなかにあり、こうした本質的な設計図に即して、実際にペーパーナイフを作りあげる。反面、人間はどうかといえば、あらかじめ定められた何らかの本質的な設計図があって、それに即して何者かの手によって作りあげられたわけではない。だから、人間とは何か、自分は何をなすべきかという本質的な問いへの答えを持ち合わせないまま、「実存は本質に先立つ」かたちで、私たち人間はこの世界のなかにすでに存在してしまっているのだ。

無論、神のような絶対的な創造者が存在し、何らかの人間の本質に即して、個々の人間をこの世に誕生させたならば話は別である。その場合には、万年筆やペーパーナイフ同様、人間においても「本質は実存に先立つ」だろう。この点について、サルトルは、「人間の本性は存在しない、その本性を考える神は存在しないからだ」と明言しつつ、自らの哲学を「無神論的実存主義」と定義する。したがって、人間とは何かといった永遠の哲学的、文学的な難問は彼を悩ませない。「人間は最初は何ものでもない」のだから。もっとも最後まで無であるのではなく、「人間はあとになってはじめて人間になるのであり、人間は自らが作ったところのものになる」という風に、主体的な自由と責任が同時に強調される。

「自由という刑に処せられている」人間

人間は出来合いの本質を持ち合わせていないがために、なるべき自分を自由に選択し、未来に向けて自らを投げ出せる（「投企」する）し、そうしなければならない。こうした自由を主軸とするサルトルの無神論的実存主義は、神や理性といった従来の価値観が崩壊した戦後の空気とマッチしながら、新時代の思想として、あるいは新たな福音として、各国の人びとの心を捉えた。たとえ神が存在しなくても、人間は虚無にとらわれ、途方に暮れる必要はもはやない。自らの進むべき道を自由に定めて、自らの足でどこまでも歩けるし、そうしなければならないからだ。このように告げる実存主義は、世界の一切の価値を否定する虚無主義《ニヒリズム》ではなく、新たな時代に相応しい自由な人間の姿を肯定する人道主義《ヒューマニズム》として、人生の意味を模索する戦後の人びとの前に颯爽《さっそう》と登場したのだった。

とはいえ、サルトルが語る自由とは、終わりなき刑罰の同義語でもあることは銘記すべきだろう。人間にはあらかじめ定められた本質や運命が存在しない以上、根源的に自由であるのだが、それゆえ日々労役を科された受刑囚のように、自分自身を、自分の人生を、休むことなく選択し、自らの手で作りあげていかなければならない。『存在と無』によれば、人間は「自由という刑に処せられている」のだ。さらには、不断の自己超克や自己創造にどれだけ励んでも、究極的なゴールにはたどり着けない。もうそれ以上、より良い自分を新たに目指す必要もなくなるような完全無欠で永遠不滅の存在には、一言でいえば神には、決して到達できないからだ。この意味では、人間はあらかじめ挫折を宿命づけられており、「人間とは一つの無益な受難である」ともサルトルは記す。

あるいは、実存主義的な自由には責任がつきまとう。「人間は最初は何ものでも」なく、「自らが作ったところのものになる」のであれば、生まれながらの悪人は存在せず、悪事の理由を育った環境などのせいにもできないだろう。あくまで自由意思に基づき悪行を積み重ねてきたからこそ、悪人になったわけだから、自らの行為によって作り出した自己に対する責任を常に引き受けなければならない。

自由と責任は表裏一体を成している。それが戦後のサルトルが提唱した作家の政治的社会参加《アンガジュマン》の根底にもあるが、その議論の前に『嘔吐』以外のサルトルの文学作品として、自由を主題にした二つの戯曲を紐解いてみたい。

自由の爆発と封殺

サルトルは作劇術にも才能を発揮し、数々の戯曲を残した。その多くは難解な思想を明快かつドラマチックに舞台化したものであり、実存主義が広く世に浸透するのを後押しした。

『存在と無』とほぼ同時期に執筆された二つの戯曲、『蝿』と『出口なし』はその典型である。それぞれの粗筋をまずは辿ってみよう。

ギリシャ神話に題材をとった『蝿』は、一九四三年、独軍占領下のパリで上演された。主人公のオレストは国王アガメムノンとクリテムネストル王妃の子であるが、王妃の情人エジストがアガメムノンを暗殺し、王位を簒奪《さんだつ》した際に国を追われてしまう。以降はアテナの大富豪に匿《かくま》われ、自由の日々を送っていたのだが、一五年振りに母国アルゴスの町に舞い戻ってくる。町は無数の蝿で覆われており、市民たちは後悔と無気力のなかで暮している。なお、こうした舞台設定は、ドイツの占領下にあった当時のフランスを象徴的に想起させよう。

父の仇であるエジストを討つべきか、このまま大人しく町から去るべきか。オレストは、自らの進むべき道どころか、そもそも自分がいったい何者なのかさえもわからず、完全に途方にくれる。そこで、万物の創造神であるジュピターに、町から去るべきならば然るべき啓示を授けてくれと神頼みをする。ジュピターは周囲の石をピカピカと光らせ、これみよがしに去るべきだとオレストに告げる。しかしながら、自分の進む道や自分が何者であるかは、やはり自分自身が選択して決めるべきだとして、オレストは突如として自由に目覚める。そして、エジストを討つべく町の中心部へと迷いなき足取りで進んでいく。かくして、ジュピターはこう愚痴らずにはいられない。「人間の魂のなかで一度でも自由が爆発してしまったら、もう神々ですらその人間に対して何をすることもできないのだ」。

ギリシャ神話を題材とした『蠅』とはうってかわって、一九四四年に発表された戯曲『出口なし』の舞台はホテルを思わせる一室である。互いに面識のない三人の男女がそこに順次招き入れられる。戦争のさなかに軍を脱走して銃殺刑に処されたガルサン（男性）、痴情のもつれから愛人を自殺させ、自らも無理心中にまきこまれた同性愛者のイネス（女性）、不倫関係から生まれた我が子を殺し、その後病死したエステル（女性）。彼らはすでに死んだはずなのだが、ホテルの一室さながらのこの空間がどうやら地獄であるらしい。

やがて、同性愛者のイネスはエステルに言い寄るが、エステルはガルサンを誘惑する。ガルサンはエステルのアプローチに応じて彼女を抱きしめるのだが、今度は、イネスの「卑怯者」という言葉と冷たい視線がガルサンを射抜く。エステルはイネスの視線を封殺すべく、彼女をペーパーナイフで刺すのだが、すでに死んでいる人間を殺すことはできない。こうして、三つ巴の形で互いに欲望または断罪のまなざしを送り合いながら、三人は同じ部屋で永遠に暮らす羽目になるのだが、舞台の終盤にガルサンは、「地獄とは〈他者〉のことだ」と叫ぶ。

二つの戯曲は、人間の自由の強さと脆《もろ》さをそれぞれ照らし出している。まず、逡巡する『蠅』の主人公オレストが文字通り劇的に確信したように、「人間はみんなそれぞれ自分の道を作り出さねばならない」。先天的に定められた本質や運命を持たないがゆえに人間は自由であるし、自分が何者で、何をすべきかも各人が自由に決めねばならない。こうした根源的な自由を封殺するのは、たとえ神であっても不可能である（この戯曲が示すように、もし神が存在し、さらには神が人間を自由な存在として創造してしまったのならば）。

もっとも、『出口なし』が示唆するように、もし人間の自由を封殺できる者がいるとすれば、それは神ではなく人間、とりわけ他者と呼ばれる人間だろう。というのも、根源的に自由なのは自分一人だけでなく、ほかの者たちもまたそうなのだから。たとえば、イネスに卑怯者呼ばわりされたガルサンが硬直してしまったように、他者が自分に対して自由かつ一方的に貼りつけたレッテルを、自分の力のみでひきはがすのは難しい。

結果、他者のまなざしが勝手に作り出した卑怯者という存在（『存在と無』の術語を用いれば「対他存在」）を、自分の一部ないしほぼ全部として抱えこまざるを得ないといった不自由や苦悩に苛まれる（同じことは、クラスメイトを「病原菌」扱いする小学生のいじめから、部下を「無能」呼ばわりする上司のパワハラにまで広く当てはまりそうである）。それを逃れ、自らの自由を回復する有効な手立ては、自らを断罪する相手に対して「卑怯者（病原菌／無能）はそっちだ」という風に、同様の断罪の言葉と視線を投げ返して、相手の自由を封殺することかもしれない。こうして、自由の相克をめぐる無間地獄が、文字通り『出口なし』の形で続いていく。

さて、作家サルトルは、「地獄とは〈他者〉のこと」であるにもかかわらず、あるいはそうであるからこそ、『文学とは何か』のなかで、自己（作者）と他者（読者）が互いの自由を承認し合うといった「作者と読者とのあいだの寛大性に基づく契約」を呼びかけたのだろうか。興味深い問いである。なお、自由の相互承認というテーマは、どちらかと言えばサルトルよりもボーヴォワールが深く掘り下げて論じているため、詳細は第3章にゆずる。

IV　アンガジュマンとは何か

拘束と参加

サルトルはメルロ＝ポンティやボーヴォワールらの協力のもとに、文芸批評のみならず、時事評論も扱う総合誌『現代』を一九四五年一〇月に創刊する。その「創刊の辞」では、作家の「アンガジュマン（engagement）」が高らかに宣言されている。なお、フランス語名詞 engagement は、社会参加、政治参加などと訳される場合が多いのだが、この語には契約、拘束などの意味も含まれている。サルトルが提唱する作家の政治的社会参加《アンガジュマン》にも、拘束と自由、受動性と能動性などの相反するニュアンスが背中合わせに組み合わされているのだが、まずはこの点に着目してみよう。

サルトルは「創刊の辞」で、「ドイツ軍による占領は、私たちに、私たちの責任を教えてくれた」と述べつつ、作家は「自らの時代のなかに状況づけられている」と明言する。この背景には、作家である自身も含めたあらゆるフランス人が、開戦から敗北を経て、ドイツによるフランス占領へといたる一連の歴史的状況に否応《いやおう》なく拘束される（巻き込まれる）といった、戦時の経験があるのは間違いないだろう（すでに記した通り、戦中のサルトルは召集され、捕虜となり、収容所に送られた）。

とはいえ、「創刊の辞」の前年に発表された評論では、「私たちはドイツの占領下にあったときほど、自由であったことはなかった」ともサルトルは記していた。きわめて逆説的なこの文言は、占領下でも抵抗運動《レジスタンス》に身を投じるか、占領軍の協力者《コラボ》となるか、それとも国外に退避するかなどの、能動的な選択の自由が各人に残されていたことを物語っている。裏返せば、いずれかの選択を迫られるような厳しい状況のなかに拘束されていればいるほど、能動的な選択の必要性が浮き彫りになるとも言える。

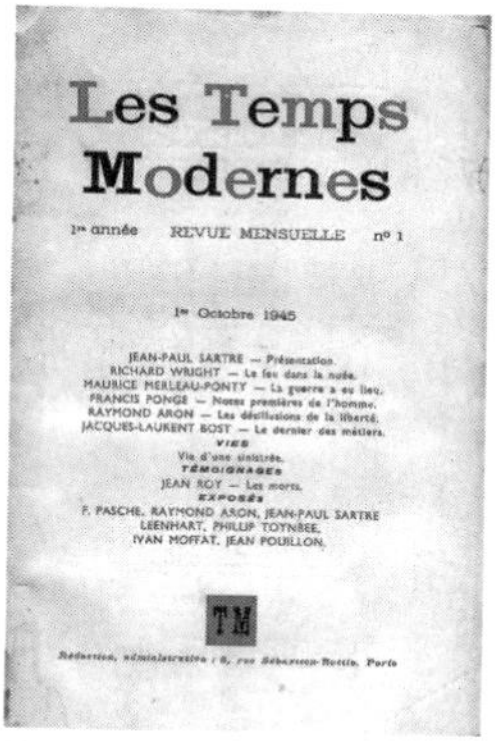

『現代』創刊号

このように、人間は自らをとりまく時代や状況のなかに受動的に拘束されているものの、能動的な選択や行動の自由はそれでも奪われてはいない。では、この人間が作家と呼ばれる存在である場合、どのような事態が生じるだろうか。サルトルは、「一つ一つの言葉はさまざまな反響を生む」として、時代のなかにこだまする作家の言葉の重みを力説する。こうした主張は、戦中に占領軍ないしナチ・ドイツに協力的な文章を記した作家たちが、戦後に辿った運命を思い出せば理解しやすいだろう。彼らは粛清裁判にかけられ、なかにはロベール・ブラジヤックのように銃殺刑に処された作家もいた。彼らは自らが放った言葉がその意に応じて、あるいは期せずして呼び起こした反響を、身をもって知る羽目になったのだ。

さらには、「一つ一つの言葉はさまざまな反響を生む」ばかりか、「一つ一つの沈黙もまた然り」ともサルトルは言う。作家は書く自由とともに、書かない自由も持っている。だが、たとえば、同時代的な悪や不正に対して作家が沈黙を守るならば、自分はそれらを黙認するといった無言のメッセージを読者に向けて発信するに等しい。ひいては、間接的に悪や不正に加担していると非難されるかもしれない。ときとして沈黙は言葉よりも雄弁に響くのだ。

こうして、「もっと良い時代はあるかもしれないが、これが私たちの時代である」のだから、「私たちは作家が自分の時代をきつく抱きしめることを望む」と、サルトルは『現代』の「創刊の辞」にて宣言する。そして、「政治的、社会的事件が起こるごとに、私たちの雑誌はどんな場合でも態度を表明する」と政治的社会参加《アンガジュマン》の誓いを立てる。作家は同時代的な状況のなかに受動的に投げ込まれ、拘束されている。言葉も沈黙もさまざまな反響を呼ぶのだから作家の責任は重く逃げ場はない。

しかしながら、あるいはだからこそ言葉や沈黙を自由に選択し、現状の世界に対する自らの意見や姿勢をその都度表明することで、作家は自らを能動的かつ全面的に現代という時代に参加させるべきだというのが、サルトルのマニフェストである。受動性（被投性）と能動性（主体性）、拘束と自由などの相反する両極を含み持つ点に、いわゆるアンガジュマン思想の特質および奥行きがあると言えよう。

参加か、不参加か

新時代の作家や文学の在りかたを示したこの思想は、多くの人びとに鮮烈な印象を与えた。それとともに、同時代的な現実に背を向け、象牙の塔にたてこもる作家は時代遅れであるばかりか、倫理的にも人間的にも無責任とみなされる風潮も生まれた。たとえば、哲学者であり、思想誌『エスプリ』の創刊者でもあるエマニュエル・ムーニエは、「アンガジュマンを拒絶することは、人間の条件を拒絶することだ」と端的に記している。

もっとも、同時代の作家のすべてが同調したわけではない。たとえば、総合誌『現代』創刊に先立つ一九四四年一一月、バタイユは、日刊紙『コンバ』に寄せた「文学は有用か」と題した短い文章のなかでこう述べている。「真の作家がこうして教えてくれること、その著作の真正さが教えてくれることは、隷従の拒否なのだ（それはまずプロパガンダへの反発である）」。サルトルとは実存主義の兄弟とみなされていたカミュも、作家のアンガジュマンについては慎重な姿勢を崩さなかった。五一年のとあるインタビューは象徴的である。「時代遅れの芸術美学や芸術形式を擁護してはいけない」し、「現代の社会問題を無視するのももう一つの過ちである。」このように、作家の政治的社会参加については一定の理解を示しつつも、「芸術をくだらないものに従属させるわけにはいかない」と一蹴している。

　もちろん、バタイユもカミュも、作家が政治や社会問題を語るべきではないと主張しているわけではない（事実、彼らは多くの時事評論を書いている）。そうではなく、作家が特定の政党や政策に服従したり、文学作品をプロパガンダの道具や政治的メッセージの伝達手段として用いることに異議を唱えているのだ。作家の自律性、あるいは文学や芸術の自律性といった観点から、彼らは、作家の政治的社会参加《アンガジュマン》や参加の文学に対する不参加《デガジュマン》を、それぞれ表明したと考えられよう。

サルトルのアンガジュマン

それでは、戦後のサルトルは自らが提唱した思想をどのように実践したのか。アメリカの黒人問題にコミットした『恭しき娼婦』や、共産主義の問題に言及した『汚れた手』などの戯曲は、文学による政治的社会参加の試みと言える。また、文学作品以外にも、自らが主宰する『現代』誌に数多くの時事的な論考を発表した。なお、同誌の「創刊の辞」では、「私たちの関心と一致する関心のもとに」書かれたものであれば、どのような原稿でも、どこから来たものでも歓迎するが、「原稿はそのうえで文学的価値を有していなければならない」と条件がつけられているのは興味深い。したがって、サルトルが同誌に発表したさまざまな政治的、社会的な論考も、彼にとっては文学の一環であり、文学による政治的社会参加の実践であったのかもしれない。

もっとも、サルトルの政治的な立ち位置や主張は時代のなかで刻々と変わっていった。戦後しばらくは、米ソ二大陣営のいずれにも属さない第三の道を模索していたものの、その後は、共産党の同伴者ないし批判的同伴者へ、第三世界の支持者へ、さらには毛沢東主義への接近へという風に、彼のアンガジュマンは紆余《うよ》曲折《きょくせつ》を経た。ただし、植民地支配に対する批判および植民地独立運動に対する支持は終始一貫していた。同様に一貫していたのは、同時代人たちが重要な局面に立たされるたびに、黙することなく自らの立場を旗幟《きし》鮮明に示した点である。たとえば、旧フランス領で起こった独立戦争であるインドシナ戦争（一九四六年〜五四年）やアルジェリア戦争（五四年〜六二年）の際に、あるいは、大規模な学生運動に端を発し、社会変革闘争の様相も帯びた五月革命（六八年）の際にも。

「一つ一つの言葉はさまざまな反響を生む」とサルトルは書いたが、彼の言葉のみならずその一挙手一投足が常に大きな注目を集めた。集めたのは支持や賞賛の声だけではなかった。批判や罵声も一身に受けた。「万年筆の姿をしたハイエナ」と痛罵されたこともあれば、命を狙われることもあった。

たとえば、アルジェリア戦争の際には、「植民地の暴政からアルジェリア人とフランス人とを同時に解放するために、アルジェリア人民の側に立って戦うこと」を訴えたが、その後、アルジェリア独立に反対する極右の軍事組織によって、プラスチック爆弾を自宅にしかけられている。この一件だけを見てもわかるように、賛同するにせよ、反発するにせよ、決して無視できぬ巨大な存在として、サルトルは自らの時代と一つになりながら、圧倒的な影響力をフランス内外に放っていたのだ。

巨星墜つ

戦後フランスを代表する作家にして哲学者であり、時代の証言者でもあったサルトルだが、一九六〇年代以降は構造主義的な思想の台頭により、哲学者としての同時代的な影響力は次

大群衆に囲まれたサルトルの棺　AP/アフロ

第に薄れていった。『存在と無』に続く哲学的大著として、マルクス主義と実存主義の融和を目指した『弁証法的理性批判』は未完に終わる。六四年刊行の自伝的小説『言葉』と六五年初演の戯曲『トロイアの女たち』以降は、文学創造からも遠ざかっていく。晩年は失明状態にも陥った。

しかしながら、一九八〇年四月一九日のサルトルの葬儀には、五万人を超える群衆がパリのモンパルナス墓地周辺に殺到した。その一人であった哲学者ベルナール＝アンリ・レヴィの回想によれば、サルトルを思考の師として信奉していた者から、おそらくはその作品を一度も読んでいないであろう者までもが、四日前に世を去った知の巨人に別れを告げるために、墓地の通路という通路を埋め尽くしていたそうである。

このことは、文学的、哲学的著作のみならず、さまざまな局面で敢然と発せられたサルトルの言葉が、いかに多くの人びとの心を捉えていたかを雄弁に物語っている。その訃報は世界中を駆け回ったのだが、たとえば、フランスの『リベラシオン』紙は、「大サルトルは二〇世紀を代表していたのだ」と、事実を集約した追悼の言葉を巨星の死にたむけている。

第2章　不条理と反抗――カミュ

I　北アフリカから現れた新星

いまなお現代作家

昔もいまも、カミュは日本でもっとも読まれているフランスの作家の一人だ。代表作である小説『異邦人』は、一九五一年に日本語訳が刊行されると大きな反響を呼び起こした。衝撃は時の文壇にも及び、小説家広津和郎と批評家中村光夫とのあいだに『異邦人』論争が勃発している。太陽のせいで殺人を犯す青年を、乾いた筆致で描いたこの小説をどう読むべきか。両者の白熱した論争は「人生とは何か」「いかに生きるか」という人生論的テーマを軸にして、新聞や文芸誌を舞台に半年近く繰り広げられ、同作とその作者を広く世に知らしめた。

哲学的エッセイ『シーシュポスの神話』も、『異邦人』同様、一九五一年に日本語訳が出ている。そこで提示された不条理の思想は、新たな生き方や価値観を求める戦後の日本人読者たちに鮮烈な印象を与えた。たとえば、批評家の江藤淳は、「「不条理」という思想は、戦後の一時期の新鮮な流行思想であった」のだが、「この言葉を通して世界を見た者は、「不条理」という言葉を知らなかった昔と同じようにふたたび世界を見ることができない」と、当時のカミュの思想的影響力を証言している。

二一世紀に入ってからも、新型コロナウィルスの感染拡大にともなって、小説『ペスト』が世界的なベストセラーとなったのは記憶に新しい。死病に呑みこまれていく町と市民の姿を描いたこの小説は驚くべき現代性を備えている、と多くの文学研究者、批評家、ジャーナリストたちが異口同音に評している。たとえば、フランスの新聞『ラ・クロワ』に言わせれば、『ペスト』は「コロナウィルスについての偉大な書物」である。日本でも同作の新訳が二〇二一年に出版され、これまでカミュの作品を読んだことのない世代も含めた、幅広い層の関心を集めている。

没後六〇年以上が経過した現在でもなお、カミュはフランスのみならず世界各国で熱烈なファンを持ち、さらには新たに獲得もしている。小説家にして劇作家、思想家にしてジャーナリストでもあった彼の来歴と仕事を、まずはスケッチ風に記してみよう。

世界、不条理、アンガジュマン

アルベール・カミュは、一九一三年、当時はフランス領だったアルジェリアのモンドヴィ（現在のドレアン）近郊で生まれた。父親は第一次世界大戦で戦死、八歳年長のサルトルがそうであったように、カミュも実父の記憶を持たない。もっとも、戦後フランスを代表する両作家は対照的な少年時代を過ごしている。サルトルはパリの裕福な家庭に生まれ、書籍の言葉を媒介にして、書斎のなかで世界を発見していった。カミュはと言えば、労働者階級のつましい家庭に生まれ、文字が読めず聴力に難を抱える母親のもとで育った。だが、北アフリカの灼熱の太陽やきらめく海、満天の星といった、自然世界の無償の富を存分に享受しながら幸福な少年期を過ごした。「第一に、貧困は私にとって決して不幸ではなかったのだ」とカミュは後年述べている。「光がその富を貧困のなかにばらまいていたのだから」。

カミュ（1913〜60）　Ullstein bild/アフロ

文学とサッカーを愛した幸福な少年時代の、ひいては人生の転機となったのが、一七歳のときに罹患《りかん》した結核である。当時、死にいたる病とみなされていた結核の発作は、闘病生活を経た後も彼につきまとい続ける。こうして、光に満ちた自然世界の奥底に不条理な死の影が差すといった、カミュの複数の作品を通底している独自の世界観が徐々に形成されていく。

一九三五年には、作家、思想家であり、高等中学校《リセ》時代の恩師でもあったジャン・グルニエの勧めで共産党アルジェリア支部に入党。ただし、サルトル風に言えば、自らを取り巻く時代や状況へのアンガジュマンを果たしている。マルクス主義的理念には当初から強い疑念を抱いており、ほどなくして植民地政策をめぐり党幹部と対立し、除名処分を受ける。以降は、いかなる政党にも属さない。第二次世界大戦後、サルトルをはじめとする多くの知識人が共産主義や共産党に接近していくなか、彼らの後を追わずに、独自の視座から同時代的な問題の論陣を張る。

一九三八年からは、日刊紙『アルジェ・レピュブリカン』の記者として、植民地政策の不正や冤罪《えんざい》事件を告発する記事やルポを多数書く。サルトルの小説『嘔吐』の書評も記している。このころ、ジャンルの異なる三つの作品から構成される「不条理三部作」を構想。推敲を重ねた末、四二年に小説『異邦人』とエッセイ『シーシュポスの神話』、四四年に戯曲『カリギュラ』が刊行された。とりわけ『異邦人』の成功は目覚ましく、地中海の向こう側からやって来た無名の若者は、またたく間にフランス文壇の期待の新星となった。

一九四四年初頭、独軍占領下のパリにて、非合法の対独抵抗新聞であった『コンバ』の執筆陣に加わる。パリ解放後は同紙の主筆として、時事的な論説を中心に健筆を振るう。なお、四五年八月六日に広島に投下された原子爆弾に対しては、フランスの知識人たちのなかでもいち早く反応を示している。「機械文明はその野蛮さの最終段階に達した。私たちは遅かれ早かれ近い将来において、集団的自殺か科学的成果の知的な利用かを選ばなければならないだろう」。八〇年近く前にカミュが発した警鐘は、ロシアのウクライナ侵攻などに揺れる二一世紀の国際世界でも、依然として鋭く鳴り響いている。

栄光とその影

第二次世界大戦終結後は、小説『ペスト』、戯曲『正義の人びと』、エッセイ『反抗的人間』からなる「反抗三部作」の構想と執筆を進める。疫病との戦いを語る寓意的小説『ペスト』は一九四七年に公刊。正義と殺人をめぐるテロリストたちの葛藤を描く『正義の人びと』は四九年に初演。両作品はカミュの名声をさらに高めた。だが、五一年に出版された『反抗的人間』は、その反共産主義的な論調も相まって、数々の批判と論争の呼び水となった。現在では少し想像しづらいが、当時のフランスでは、共産主義の威光は絶大であったのだ。このときにカミュが巻き込まれた論争のなかでも、もっとも激越でセンセーショナルだ

自動車事故の現場　AP/アフロ

ったのが、サルトル＝カミュ論争だが、その経緯、争点、結果などは第7章で述べたい。

一九五六年には小説『転落』を、五七年には短編集『追放と王国』を出版。五七年には当時、史上二番目の若さでノーベル文学賞を受賞する。しかしながら、その三年後、カミュが居を構えていた南仏ルールマランからパリに向かう途中、彼を乗せた車がプラタナスの樹に激突する。カミュは即死、まだ四六歳の若さだった。決定的な仲たがいをしていたものの、サルトルは即座に追悼の筆をとり、「カミュの命を奪った事故、私はそれを言語道断なものと呼ぶ」として、不条理な死によって唐突に世を去った好敵手に敬意を表した。

なお、遺作となった自伝的小説『最初の人間』は長らく公刊されなかったが、九四年に未完の草稿のまま出版された。同作は二〇一二年にイタリア人監督ジャンニ・アメリオによって映画化もされている。

カミュもまた、思索と表現の場を一ヵ所に限定せずに、小説、戯曲、哲学的エッセイ、時事評論、文芸批評などの幅広い領域で文才を発揮した。同一のテーマを軸に、小説、戯曲、哲学的エッセイというジャンルの異なる三幅対の作品を書き上げており、やはりサルトル同様に、されど独自の方法論に基づき、文学と哲学の総合を試みたと言える。「不条理三部作」を、次いで「反抗三部作」を眺めながら、カミュの思想と文学の世界を訪ねてみよう。

II　死や世界に抗して――『シーシュポスの神話』

「今世紀のあちこちに見出される不条理の感覚」

まずは「不条理についての試論《エッセイ》」という副題を持つ『シーシュポスの神話』である。なお、不条理とはカミュの思想のなかば代名詞となっている観もあるが、必ずしも彼の専売特許ではない。すでに両大戦間期に、複数の作家が不条理という言葉を用いているからだ。

たとえば、若き日のカミュが傾倒した作家アンドレ・マルロー。一九二八年出版の小説『征服者』の主人公である冒険家ガリーヌは、神なき世界の無意味さを前にしてこう語っている。「僕は社会が不条理だと思うのだ。〔……〕この社会を人がいかに変えたって、僕には全然関係のないことだ」。あるいは、三八年に世に出たサルトルの長編小説『嘔吐』。公園の事物から意味が抜け落ちるといった異様な体験を、主人公ロカンタンはこんな言葉で振り返っている。「いまでは〈不条理性〉という言葉が、私のペンの下から生まれる。先ほど公園にいたときには、この言葉がみつからなかった〔……〕」。

このように、もともと不条理とは時代の空気を、とりわけ全知全能で唯一無二の神は存在せず、すべては無意味であり馬鹿げてもいるといった、二〇世紀を広範に覆う知的雰囲気を表出した言葉であったと言える。実際、カミュの『シーシュポスの神話』も、「今世紀のあちこちに見出される不条理の感覚」をまずは列挙している。たとえば、単調な日常生活に倦怠や違和感を抱くこと。流れ去る時間に不安を覚えること。さらには「現代のある作家の言葉を借りていえば、「あの吐き気」、これもまた不条理なものである」というように、『嘔吐』の主人公さながら、見慣れた世界が奇妙で厚ぼったく見えること。こうした取り留めのない不条理の感覚が拾いあげられたのちに、次のような定義が示される。

世界は不条理だと私は言ったが、先走りすぎていた。この世界はそれ自体としては理に適《かな》ったものではない。それがこの世界について言い得ることのすべてだ。だが、不条理という言葉が当てはまるのは、この世界の非合理性と、人間のもっとも奥深い部分に呼び声を響かせている明晰さへの狂おしい欲求との対面なのだ。不条理は世界に基づいているのと同程度に人間にも基づいている。不条理とはいまのところ人間と世界を結ぶ唯一の絆だ。

なお、不条理とはフランス語名詞 absurde の訳語であるのだが、この語は矛盾、背理、逆説、馬鹿げていて受け入れられないこと、などのさまざまな意味を持っている。したがって、一方には理に適っていない非合理な世界が存在し、他方には明晰さを渇望する人間が存在しており、両者が対峙する際に、両者のあいだに矛盾や背理などを本質とする不条理が生じるのだと、まずは解釈できるだろう。

このように不条理とは世界と人間との二項対立に基づく概念なのだが、「両者を結ぶ唯一の絆」だとも定義されているのは非常に興味深い。というのも、カミュによれば、人間は自然世界や日常世界のいたるところで、不条理なるものに搦《から》め捕られているからだ。たとえば、ガラスの仕切りで覆われた電話ボックスのなかで、身振りを交えつつ男が電話している。だが、その声が聞こえないために、その動作が不可解でコミカルに映る。いかにも月並みな日常世界の一コマだが、カミュに言わせれば、「それもやはり不条理なものだ」となる。

以上を踏まえると、不条理とはニュアンスに富んだ守備範囲の広い概念であると言えそうだ。明晰さへの欲求に駆られて懸命に探してみても、この世界には唯一絶対の意味は見つからないといった哲学的な嘆きから、日常で抱く些細な違和感までも、不条理という言葉は融《ゆう》通無碍《ずうむげ》に表象できるのだから。こうして、『シーシュポスの神話』出版以降、この語は哲学的な術語として、あるいは日常会話でも使える気の利いた常套句として、フランスでも日本でも一時代を画する流行語となっていく。

「真に重大な哲学上の問題」とは？

もっとも、カミュ本人はと言えば、「あの「不条理」という語は不幸な成功を博した、そして、それは私を苛立たせるようにもなった」と苦言を呈している。このいささか奇妙な苛立ちは何に由来しているのだろうか。

たとえば、『シーシュポスの神話』は「真に重大な哲学上の問題」を扱うと冒頭で宣言している。だが、この「真に重大な」問題なるものが読者の十分な注意や関心を呼ばず、不条理という語だけが一人歩きしている。こうした状況が作者をじりじりさせたのかもしれない。そこで、さまざまな不条理の感覚を列挙したのちに、まるで種明かしをするかのように、カミュが静かに紡ぐ言葉に耳を傾けてみたい。

最後に死のことを、また死について私たちが抱く感覚について述べよう。もっとも、この点についてはすべてが言い尽くされているから、悲痛な調子は控えるのが礼儀というものだ。〔……〕この死という出来事の基本的で決定的な側面が不条理の感覚の内容を成している。この宿命の致命的な照明に照らされて、無益さの感覚が姿を現すのだ。

ここでは、死、あるいは人間はかならず死ぬといった周知の事実こそが、不条理の感覚を生み出すと明記されている。とはいえ、不条理＝死と結論付けるのは早計だろう。というのも、すでに見たように、カミュの定義によれば、不条理とはそれだけで存在する即自的な概念ではなく、非合理な世界と明晰さを求める人間との二項対立や矛盾を本質とする相対的な概念なのだから。となると、死は、不条理を構成する一項である世界の非合理性と深くかかわるものだと推測される。ざっくばらんに言えば、この世界が理に適っていないのは、そこに死があるからではないか。死をめぐるカミュの考察を振り返ってみよう。

死とは自然の摂理であり、この世界に存在するどんな生物も死の定めを逃れられない。もちろん、私たち人間も。当然の事実なのだが、よくよく考えてみれば理に適っていないとカミュは指摘する。たとえば、小説『異邦人』の最終場面で主人公が確信したように、あらかじめ死を宿命づけられている以上、地上世界に存在するすべての人間は、いささかも罪を犯さずとも生まれながらの死刑囚にほかならない。こうして、無罪の死刑囚という矛盾を抱えながら、私たち人間はこの世界で生きているのだが、来世の幸福や魂の不滅などといった恩赦や救済は用意されているのか。

この問いについては、無神論を公言したサルトルとは異なり、神や来世の存在を人間の理性は認識できないといった不可知論にカミュは立つ。「この世界には、この世界を超える意義があるのだろうか、私は知らない」。もっとも、無神論者にせよ、不可知論者にせよ、宗教が約束する死後の世界をあてにできない以上、現世で死ぬことは永遠に死ぬことを意味している。ここからは、完全消滅である死を課されているにもかかわらず、懸命に生きることには何の価値があるのかといった、矛盾を本質とする不条理の感覚が姿を現わすだろう。

世界の絶対的な意味は認識できない。そのうえ、世界には死という理解に苦しむ自然の掟がある。だから、明晰さを求める人間の精神は、かかる世界をどうしても理に適ったものとして受け入れられない。実は、こうした死をめぐる世界と人間との抜き差しならぬ対立が、不条理の思想の底流を静かに貫いている。不条理とは、矛盾や違和感を融通無碍に指し示し得る、万能ゆえに空虚な符丁に留まらない。世界における普遍的な人間の条件に深く根差した概念でもあるのだ。この点を確認するならば、『シーシュポスの神話』の力強く挑発的な書き出しがよりよく理解できる。

真に重大な哲学上の問題は一つしかない。自殺である。人生が生きるに値するか否かを判断する、これが哲学の根本問題に答えることなのである。

人間は生まれながらに死を課された死刑囚だが、こうした不条理な（＝矛盾した）人間の条件を引き受け、「上訴せずに生きること」は可能なのか。来世や魂の不滅といった宗教的な希望にすがることなく、はかない地上の生を人間はまっとうできるのか。それとも人生の無益さゆえに自殺すべきなのか。煎じ詰めれば、シェークスピアの戯曲『ハムレット』さながら、「生きるべきか、死ぬべきか、それが問題だ」となる。カミュによれば、哲学が真っ先に扱うべきはこうした問いなのであって、それ以外の問題は二次的な「遊戯」である（裏返せば、これまでの哲学は二次的な「遊戯」に耽っていたと言わんばかりである）。

それでは、自殺という「哲学の根本問題」にして、人生論的で文学的でもあるこの問題に、カミュはどう答えるのか。自殺と不条理の関係をめぐる『シーシュポスの神話』の推論の道筋は、逆説的なジグザグを描くものの、実は非常に明快である。

まず、死は不可避の宿命であり真理であるのだから、眼をそむけることなく死を見据えねばならない。とはいえ、死を理に適ったものとして受け入れることはできないし、死を自然の摂理として擁するこの世界も容認できない。だから、世界と人間とのあいだには矛盾や対立が、すなわち不条理が生じざるを得ないのだが、ここで論点が逆転される。「生きること、それは不条理を生きさせることだ」というように、不条理の解消を目論《もくろ》むのではなく、むしろ積極的に不条理を維持し、世界との対立姿勢を保ちながら生きることが推奨される。

こうして、自殺と不条理をめぐる推論からカミュが引き出す結論は、死の受諾＝自殺ではなく、死への意識的反抗だ。「反抗は世界を毎秒毎秒問題にする」というように、死を自然の秩序として有する地上世界に対して、刻一刻と繰り返される不断の闘争である。

未来に向かう受刑囚、未来なき死刑囚

それにしても、一秒ごとに死や世界に反抗しながら生きるとは、なんとも先鋭的な姿勢であり、『シーシュポスの神話』出版当時二九歳であったカミュの若さと気負いをよく伝えている。彼は後年、「私は哲学者ではない」とも明言し、なぜなら「私は自分が生きたことしか語れないからだ」と説明している。したがって、生と死をめぐる次のような鋭角的な考察も、必ずしもブッキッシュな知識のみに基づくものではなく、少年時代に死病であった結核をわずらって以来、死を他人事《ひとごと》ではなく、自らにもっとも差し迫った問題として考え抜いた成果でもあるのだろう。

私たちは未来を当てにして生きている。「明日」、「もっと後で」、「君が地位を得たら」、「年とともに君もわかるだろう」など。これらの矛盾は驚くべきことである。というのも、

結局、未来とは死ぬことなのだから。

「未来とは死ぬこと」とは、これまた極端な発言だが、ふだん私たちが気に留めていない死の不条理な（矛盾した）本質を言い当てている。というのも、人間が死ぬことは既定事項だが、死がいつやって来るかは未定である。こうして、日常生活に埋没しているあいだ、死を差し当たり自分とは関係のない出来事として先送りしつつ、「私たちは未来を当てにして生きている」。だが、死の到来時期が未定であるということは、裏返せば、死は将来のどの瞬間にも起こり得ることを、実は意味しているのではないか。

たとえば、『シーシュポスの神話』でしばしば言及される哲学者であり、サルトルも影響を受け、やがて少なからぬ批判の矛先を向けるマルティン・ハイデガーは、二〇世紀哲学の金字塔である『存在と時間』でこう述べている。「《死は確かにやって来る、しかし、いますぐというわけではない》と、ひとは言う。〔……〕こうして世間は、死の確実さの特異な性格、すなわち、死はいついかなる瞬間においても可能であるということを、蔽《おお》いかくしてしまう。死の確実さにはその到来時期の無規定性が伴っている」。この分析は、死についてのカミュの分析と寸分たがわず合致する。彼もまた「いつでも可能な死という不条理性」を強調するのみならず、「明日などというものはない」とまで断言するのだから。

さて、先述の通り戦後のフランスでも日本でも、サルトルとカミュは実存主義の兄弟として、セットで語られ、論じられる存在であった。両者は、神無き世界における人間存在の不条理性や自由などを考察したという共通点を持つ。もっとも、カミュは、「サルトルは実存主義者であるが、私は実存主義者ではない」とも公言している。両者を分かつ思想的差異はいくつか挙げられるのだが、とりわけ死と未来をめぐっては、戦後フランス思想の両旗手は対照的な姿勢を見せている。簡潔にまとめてみよう。

まず、サルトルの『存在と無』によれば、「死は常に私の主観性のかなたにあるものなのだから、私の主観性のうちには、死にとって、いかなる場所も存在しない」し、「死は私自身の可能性であるどころか、むしろ死は、一つの偶然的事実」に過ぎない。死は、イレギュラーに私の外からやってくるのだから、自らの存在に本来的にかかわる可能性として捉えることはできない。結果として「死は私を傷つけはしない」し、「私の自由であるところのあの自由は、依然として全面的であり無限である。」つまり、人間が実現すべき自己や目的を自由に定めて、常に未来に向かって生きることを、死はいささかも妨げない。だからこそ『実存主義とは何か』でも、サルトルは、詩人フランシス・ポンジュの「人間とは人間の未来である」という言葉を引用し、我が意を得たりとばかりの強い賛同を示している。

ひるがえって、『シーシュポスの神話』によれば、「未来とは死ぬこと」である。サルトルと対照的にカミュは、いつでも起こり得るのだから、人間とその実存にもっとも密着した可能性として死を凝視し続ける。「反抗は毎秒毎秒世界を問題にする」といった不断の意識的反抗を提唱するのも、この世界では死がどの瞬間にも、たとえば次の瞬間にも到来し得るからこそだ。こうして、果てしなく反復される死への反抗に特徴づけられる人間の生は、シーシュポスの仕事にもなぞらえられるだろう（エッセイのタイトルにもなっているシーシュポスとは、岩を山頂まで繰り返し押し上げる刑罰を永劫に科されたギリシャ神話上の人物）。

なお、人間は「自由という刑に処せられている」という言葉に着目すれば、サルトルの人間のモデルは受刑囚であると言える。人間とは未来の自分を自由に、だが休みなく創造する刑を終身で科された受刑囚なのだ。カミュの人間のモデルは死刑囚である。人間とは、不可避にして、いつやって来てもおかしくない死を睨みながら生きる死刑囚なのだ。両者ともに咎人を人間のモデルに据えているのは興味深いものの（それゆえに、実存主義は概して不謹慎で不道徳だとのそしりも受けたが）、受刑囚よりも死刑囚のほうが、サルトルよりもカミュのほうが、より悲劇的で過酷な人間の条件と向き合っているようにも見える。

もっとも、ひと時も死から意識を切り離すことなく、死に抗《あらが》いながら生きるといったカミュの反抗の思想は、最終的には熱烈な生の肯定へと道を拓《ひら》いていく。「意識的であり続け、反抗をつらぬく、こうした拒否は自己放棄とは正反対のものだ。人間の心にある不屈で情熱的なもののすべてが、拒否をかき立て、人生に立ち向かわせる〔……〕。不条理な人間はいっさいを汲《く》みつくし、そして自己を汲みつくすことしかできないのだ」。

すなわち、不確実な未来をたよりに生きるのではなく、いまここに確かに存在している現在という時間を、最大限の自覚と強度で生き尽くすこと。いつでも起こり得る死に抗して生の炎を燃焼させ、自らを燃やし尽くすように生きること。「ある朝早く、刑場へと向けて開かれた牢獄の門を前にしたときの死刑囚の、あの神のような自由な行動可能性、生の純粋な炎以外の一切に対するあの信じがたい無関心」、『シーシュポスの神話』は、そこにこそ生まれながらの死刑囚である人間の生の極限的な価値があるとする。ここまで来れば小説『異邦人』はすぐ近くにある。

Ⅲ　世界との和合と対決――『異邦人』『カリギュラ』

「もし、あなたが哲学者になりたいのならば……」

サルトル同様、カミュが文学と哲学の総合を試みたのは、同一テーマのもと、小説、戯曲、哲学的エッセイといったジャンルの異なる三幅対の作品を書き上げたことからも明らかである。彼は自らの『手帖』にこう記してもいる。「人はイメージによってしか思考しない。もし、あなたが哲学者になりたいのならば、小説を書きたまえ」。それでは、小説『異邦人』は、『シーシュポスの神話』における不条理と反抗をめぐる推論の傍証を目的として書かれたのか。要するに作者の思想や意見を、読者に解釈の余地を与えずに一方的に押し付ける、いわゆる「テーゼ小説（roman à thèse）」なのだろうか。

実は、複数の論者が指摘しているように、『異邦人』を『シーシュポスの神話』で示された不条理の思想に摺《す》り合わせて仔細に読み解こうとすれば、往々にして強引な解釈に陥りがちである。いみじくも「真の芸術作品は本質的に「より少なく」語る」とカミュが記しているように、『異邦人』は不条理を直接的には語らない。そもそも、不条理という語は物語の終盤になって一回登場するのみである。されど、さまざまな文学的技法やイメージを媒介にして、不条理なるものを読者の心に印象付ける。サルトルが慧眼《けいがん》にも指摘したように、『シーシュポスの神話』は不条理の概念を私たちに与えることを目的とし、『異邦人』は不条理の感覚を私たちに吹き込もうとすると言えるだろう」。たとえば、「今日、ママンが死んだ。昨日かもしれない。僕は知らない」といった書き出しに代表される、論理的な脈絡を欠くかのような短文の集積から成る印象的な文体を媒介にして。あるいは、太陽のせいで殺人を犯し、母親の葬儀で涙を流さなかったがために死刑を宣告され、期せずして死と向き合う青年の姿を媒介にして。こうした文体やイメージをプリズムにして、日常的な違和感や矛盾から、自然世界との乖離《かいり》や死との対決までをも指し示すことができる不条理なるものが、その豊かなニュアンスを失うことなく読者の心のうちに喚起されると言えよう。

もっとも『異邦人』が、ただ一つの読みかたしか許容しないテーゼ小説でないのは、同書が世界でもっとも読まれ、翻訳され、批評や解釈の対象となったフランスの小説であるという事実を思い起こせば明らかである。以上を踏まえつつ、世界や死に対する意識的反抗といった『シーシュポスの神話』の主題に「あえて」引き付けながら、とりわけ『異邦人』の終盤を読んでみたい。「あえて」としたのは、哲学的エッセイで論じられた内容と重なる部分をチェックするというよりも、むしろそれを超え出る部分を探すことで、同作が持つ謎や魅力がいっそう浮き上がってくるからだ。

ムルソーの憤怒と歓喜

『異邦人』は、主人公であるムルソー青年の独白という形式を持つ一人称小説である。物語は彼の母親の死からはじまる。それからしばらくして、真昼の海岸で、灼熱の太陽に意識が朦朧《もうろう》となった状態で、友人の痴情のもつれから敵対関係となったアラブ人グループの一人をムルソーは射殺する。その後、舞台は法廷に移り、殺人の動機を問われた彼は、「あれは太陽のせいだった」と答えて場の失笑を買う。そして、母親の葬儀で涙を流さなかった点を咎められ、道徳を欠いた反社会的な人間だと断罪され、死刑を宣告される。さらに舞台は監獄へと移り、寡黙でドライで、深くものごとを考えない人間のようにも見えた彼が、慰問に訪れた刑務所付きの司祭に対して「憤怒と歓喜のまじった」胸の内を吐き出すと、物語は佳境に突入する。

このとき、なぜかわからないが、僕のなかで何かがはじけた。僕はのど一杯に叫び出し、司祭を罵り、祈ってなどもらいたくない、と言った。僕は法衣の襟をつかんで、彼の頭上から僕の心の底を憤怒と歓喜のまじった激情とともにぶちまけた。彼はひどく自身ありげな様子をしている。そうではないか。しかし彼の確信はどれをとっても女性の髪の毛一本の値打ちもない。まるで死人のような生き方をしている彼には、自分が生きていることさえ確かとは言えないではないか。僕のほうは何も手にしていないように見えるかもしれない。だが、彼以上に強く、僕は自分を信じている。すべてに確信を持っている。僕のこの生と来るべき死に対して確信を持っているのだ。

何よりも印象的なのは、殺人の罪で死刑囚となったムルソーが、自信満々で説教しに来た司祭をあべこべに、しかも自信満々に断罪し返している点だ。「死人のような生き方」をしているのは司祭のほうであって、反対に自分は「すべてに確信」を持ちつつ、自らの生に臨んでいる。この逆説に満ちたムルソーの確信を支えるものは何か、探ってみよう。

まずムルソーは、司祭が説く来世への希望を虚妄の慰めとして完全に断ち切り、現世での死は永遠に消滅することだと知った上で、最期まで生き抜く覚悟を決めている。だから、眼前に差し迫った死（刑）を直視すればするほど、残されたわずかな時間を最大限に生きようという情熱や、間違いなく自分はいまここに存在して生きているという強固な確信が生まれる。対照的にキリスト教が説く魂の不滅を信じる司祭は、死によって自分が永久に消滅するとは少しも思っていない。死の恐怖とも無縁で自信に満ち溢れている。だが、自らの死や消滅を確信できない以上、いままさにムルソーが実感しているような、完全消滅である死に抗して燃え上がる生の炎や実存の確信とも、実は永久に無縁のままである。

結果として、「自分が生きていることさえ確かとは言えない」司祭が、「死人のような生き方」しかできないのとは対照的に、いまここに確かに存在している「自分を信じている」と、「この生と来るべき死に対して確信を持っている」と、ムルソーは胸を張って断言できる。そのことを悟った彼が司祭に放つ反発の叫びには、憤怒のみならず歓喜が入り混じるのだ。

以上のムルソーの言動は『シーシュポスの神話』の議論を思い起こさせる。同書では、来世を含めた一切の未来をあてにせず、いつでも起こり得る死に抗しながら、いまここに確かに存在する現在という時間を最大限の強度で生き尽くすことに、限りある人間の生の意義や価値があるとされていた。カミュは、迫りくる処刑と向き合う死刑囚という極限的なイメージを用いて、哲学的エッセイで示した自らの思想に肉体を与えたと言えよう。

同様に『シーシュポスの神話』では世界と人間とのあいだの矛盾や対立を、すなわち不条理を維持しつつ、世界に対する不断の反抗を貫くべきだとされていた。「重要なのは和解することなく死ぬこと」だとも書かれている。とはいえ、こうした主張に背を向けるかのように、『異邦人』の主人公は司祭に対して腹の底をぶちまけたのちに、悠久の自然世界に対して心を開き、幸福へといたる。小説の結末を読んでみよう。

彼〔＝司祭〕がいなくなると、僕は平静をとりもどした。力が尽きたので、寝床に身体を投げだした。眠ったらしい。眼がさめると星が顔の上にあったから。〔……〕まったく久しぶりで僕はママンのことを考えた。〔……〕死を間近にしたママンは、そこで自分が解放されるのを感じ、すべてを生き直してみる気になったのだろう。誰一人、誰一人として彼女に涙をそそぐ資格はない。そして、僕もまたすべてを生き直す気持ちになっているのを感じる。あたかも、この大きな怒りが、僕から悪を排出し、希望を追放してしまったように、この星々としるしに満たされた夜を前にして、僕ははじめて世界のやさしい無関心に、自分を開いた。世界を自分と非常に似た、いわば兄弟のようなものだと悟ると、僕は自分が幸福であったし、いまでもそうだと感じた。

生と死、母親、世界、幸福などをめぐるムルソーの言葉が思い思いに交錯しながら響き合う一節を、『シーシュポスの神話』で示された不条理や反抗の思想のみを頼りに読み解くのは、もう無理である。ムルソーの存在および彼に残された生の時間は、彼の母親の存在および彼女が過ごした人生最期の時間と巡り合い一つに重なる。さらには、悠久の自然世界そのものと溶け合いながら幸福に満たされる。こうした文学的な香気と重層的な暗示に満ちた文章は、強引に解きほぐさず、ありのままの形で味わうべきなのは間違いない。

それでも、あえて解釈を試みると、ムルソーと自然世界とのあいだには、いまや矛盾や対立(=不条理)ではなく、「無関心」という絆があるのだろう。来世を含めたあらゆる未来への希望を捨て去った主人公は、かつて母親がたどり、自分も近くたどることになる死と、自らが現在生きているという強い確信以外には、もはや無関心となってしまった。自然世界はと言えば、そもそも人間の生や死などには関心を寄せずに、ただただ悠然と存在している。

太陽のせいで殺人を犯し死刑となった青年に対しても、司祭のような安手の説教をぶつこともない。

こうした「世界のやさしい無関心」に対して、はじめてムルソーは心を開き、調和と幸福をそこに見出し、最終的には、彼とその母と自然世界の三者は一つに重なり合っているようにも見える。すなわち、人生の最期のひと時に、自らがそこで生まれ、そして死んでいく母なる自然世界への回帰を果たした主人公は、意識された『幸福な死』を味わっているのかもしれない（なお、『幸福な死』とは、『異邦人』の前身にあたる未完の小説のタイトルである）。

世界に対する反抗の果てに

『異邦人』の結末とは対照的に、世界に対する反抗を極限まで貫く人間の姿を描くのが、実在のローマ皇帝をモデルにした戯曲『カリギュラ』である。「不条理三部作」の一翼を担う本作の主人公カリギュラは、妹であり愛人でもあったドリュジュラの死をきっかけにして、「まったく単純明快」だが、「見つけるのは難しく、担うには重い」一つの真理を発見する。「人間は死ぬ、だから幸福ではない」。それからというもの、カリギュラは皇帝としての絶大なる権力を濫用して、場当たり的な破壊や暴政を開始する。さらには天空に輝く月を持ってこいという不可解で不可能な命令を臣下にくだす。

こうして、カリギュラは完全に狂気の虜《とりこ》となったようにも見える。実際に、「暴君のなかでも第一番の狂人」だとも臣下の貴族の一人は陰口をたたく。だが、意外なことに、彼は鏡に映る自分の姿を眺めながら、自らにこう言い聞かせてもいる。「馬鹿め、お前は論理的であろうと決心したのだぞ。〔……〕論理だ、カリギュラ、最後まで論理を押し通さねばならない」。では、いかなる論理が問題となっているのか、駆け足で眺めてみよう。

まず、「この世界は、いまあるがままの姿では我慢のならないものだ」というカリギュラの台詞。たとえば、人間から幸福を一方的に奪い去る死を、自然の掟として有している地上世界はとうてい許容できない。したがって、もはや人間が死なない幸福な世界を新たに創造する必要がある。そして、天上の月をつかみ取ることにも似た、こうした不可能な試みを可能にするには、あるがままの世界も人間も、既存の秩序も倫理も徹底的に一度破壊し尽くさねばならない。なぜならば、すべてが粉砕されたあかつきには、死という自然世界の掟もすでに粉砕され消滅しているはずだから。「そしてすべてがまったいらになったとき、はじめて不可能が地上に存在し、月が俺の手に入る、そのときこそ、おそらくこの俺自身というものが変わり、世界も俺と一緒に変わる、そうなってはじめて、人間たちは死なずに済み、幸せになるのだ」。カリギュラが極限まで貫こうとしているのは、こうした眩暈《めまい》がするような世界に対する反抗と創造の論理である。

論理という名の狂気または凶器

この戯曲の魅力の一つは、暴君として歴史に名を残すカリギュラを、理性が欠如した狂人というよりも、論理という名の狂気に駆り立てられた怪物として舞台に立たせた点である。皇帝としての権力を際限なく行使し、万物を破壊しつくしたうえで、人間が死なずにすむ幸福な世界を築くことが、世界に対する反抗者カリギュラを衝き動かすロジックだ。「かくも見事な権力が何の役に立つ」のかと皇帝は自問する。「もしこのおれに万物の秩序を変えることができないなら、このおれの力で、太陽が東に沈み、苦しみが減り、もはや人間が死なずにすむようにできないなら」。こうして、既成の法や秩序や常識や価値観を踏みにじり、さらには現状の世界や人間をも度外視して、自らの論理のみをいわば理性的にどこまでも貫こうとするだけに、カリギュラの言動には狂気が宿る。イギリスの作家チェスタートンによれば「狂人とは理性を失った人間」のことではなく、「理性以外のあらゆるものを失った人間」だが、カリギュラはこの種の人間なのかもしれない。

もっとも、世界や人間の条件の不条理性への反抗を貫くカリギュラは、無秩序な破壊と殺《さつ》戮《りく》を繰り返すことで、世の不条理を自ら体現する（あるいは、『シーシュポスの神話』の表現を用いるのならば「いつでも可能な死という不条理性」を自ら例証してみせる）かのような暴君となってしまう。世界に対する反逆者の彼を待ち受けていたのは、臣下たちの反逆の刃だったが、彼は笑いながら「俺はまだ生きている！」と謎めいた断末魔を放ち、舞台に幕がおりる。

この戯曲が一九四四年に世に出たのは何とも象徴的である。多くの破壊としかばねの上に、幸福な永遠の世界を創造するというカリギュラの論理は、千年王国の樹立をスローガンにして、当時のヨーロッパ諸国を侵略していたドイツおよびナチズムをにおわせる。戦後のカミュが反抗の対象とするのは、特定の論理やイデオロギーを後ろ盾にして、凄惨な暴力や殺人を正当化するこの種の支配機構である。「反抗三部作」を中心に彼の思想と作品を引き続き見ていこう。

IV　個人的反抗から集団的反抗へ——『ペスト』『反抗的人間』

予言的小説？

「反抗三部作」の第一作は、一九四七年に出版された長編小説『ペスト』である。「一九四＊年に」アルジェリアのオラン市に突如としてペストが発生した。こうした舞台設定のもと、閉鎖された町のなかで、日に日に猛威を増していく疫病と向き合う人びとの姿が、三人称の視点から年代記風に描かれる。群像劇でもある同作のストーリーを少し辿ってみたい。

医師であるリュー、数週間前にオラン市にやって来たタルー、イエズス会に所属するパヌルー神父、新聞記者ランベール、予審判事オトン、市役所職員グラン、過去に犯罪歴のあるコタール……年齢も、職業も、来歴も宗教的信条も異なる彼らが、ペストという共通の災厄に対して示す反応もまた多種多様である。ランベールは市外への脱出を試みる。コタールはペストの騒動を利用して密輸に手を染める。パヌルー神父はペストを神罰と捉え、市民に信仰を取り戻させる好機とばかりに説教に励む。やがて、タルーの発案のもと、医師リューを中心にボランティアの保健隊が組織され、オトン、グラン、パヌルーなどが参加する。生き別れとなった妻に会おうと、オラン市からの脱出に躍起になっていたランベールもメンバーに加わる、こんな気の利いた言葉を手土産にして。「自分ひとりだけ幸福になるのは、恥ずかしいことかもしれないんです。〔……〕この出来事は僕たち全員に関わりがあるんです」。

ペストによる犠牲者は増加の一途をたどる。その猛威は町を覆い尽くし、市民たちの希望と命を無慈悲に葬り去っていくのだが、保健隊のメンバーたちは絶望的な闘いをそれでも続けていく。さて、隊の結成に先立って、タルーは医師リューに向かって、「勝利は常に一時的なものになるでしょう」と告げていた。それどころか、ペストとは「果てしなく続く敗北」なのだとリューも言葉を返していた。もっとも、リューはこうも宣言していたのだった。「常にそうです、わかっています。けれどもそれは闘いをやめる理由にはなりません」。

ストーリーを少しなぞってみただけでも、七〇年以上も前に世に出た『ペスト』が予言的な小説として、いまなお世界各国で多くの読者たちの関心を集めている理由が了解されるだろう。たとえば、新型コロナウィルスのような疫病や地震や津波などの自然災害に対する闘いでは、「勝利は常に一時的」で、それどころか「果てしなく続く敗北」になるのかもしれない。「けれどもそれは」人類が「闘いをやめる理由に」ならないのは確かなのだから。

歴史小説？

その予言的な面が話題を集めた『ペスト』だが、出版当時の読者たちは未来の人類の姿ではなく、過去の自分たちが置かれていた状況を読みとったのは想像に難くない。たとえば、疫病に包囲されたオラン市は、ドイツ占領時代のフランスないしヨーロッパを象徴的に想起させる。人びとの命を奪いながら勢力を拡大するペスト菌はナチ・ドイツを、絶望的な戦いを続ける保健隊のメンバーは対独抵抗運動《レジスタンス》の闘士たちを、それぞれ彷彿とさせる（ちなみに、ナチ・ドイツやナチズムは活動家たちのあいだでは「褐色のペスト」とも呼ばれていた）。こうして、戦時の記憶がまだ新しい当時の読者たちに『ペスト』は感動とともに迎え入れられ、フランスの批評家賞にも輝いたのだった。

とはいえ、少なからぬ批判や疑問も投げかけられた。たとえば、次章で紹介するボーヴォワールは、回想録『或る戦後』にこう記している。「カミュの声は私たちを感動させた」が、ドイツによる「占領を悪疫になぞらえることは、やはり「歴史」と真の問題を回避する手段である」し、「この寓話から引き出される、肉体から遊離したモラルに、人びとはあまりにも容易に同意してしまった」。レジスタンスを保健隊に、ナチを病原菌に置き換えつつ、両者の戦いを単純な勧善懲悪のモラルに還元するのは、人間の歴史がはらむ複雑性から目を背けることだ、とボーヴォワールは苦言を呈する。ロラン・バルトもこの種の置き換えを疑問視する。ナチ・ドイツによるフランス占領の歴史を語りたいのならば、レジスタンスは保健隊ではなくレジスタンスと文字通りに記すべきではないか、と。

もっとも、『ペスト』のラストシーンは、こうしたボーヴォワールやバルトの批判に対する一つの反論としても読めるだろう。ついにペストが終息し、町が歓喜に包まれるなかで、医師リユーは自らがこの物語の書き手であったと告白する。そして、「客観的な証言者の語調」を最後まで保つため、自らを一人称（私）ではなく三人称（彼）で呼びながらこう記す。

しかし、彼はこの記録が決定的な勝利の記録ではありえないことを知っていた。〔……〕彼は知っていたのだ、ペスト菌はけっして死ぬことも消滅することもなく、家具や衣類のなかで数十年間眠ったまま生存でき、寝室や地下室、カバンやハンカチの反故《ほご》のなかで忍耐強く待ち、そしておそらくはいつか、人間に不幸と教訓をもたらそうと、ペストがふたたびそのネズミどもを呼びさまして、死なせるためにどこかの幸福な都市に送りこむ日が来るだろうということを。

『ペスト』出版時には、ナチ・ドイツはすでに壊滅している。したがって、「けっして死ぬことも消滅することもなく」、いつの日か再び猛威を振るうだろうと予告されているペスト菌を、ナチ・ドイツと完全に同一視するのは無理があるだろう。となると、保健隊をレジスタンスに、オラン市を占領下のフランスに安直に結びつけるのもためらわれる。それ以上の何かをこの小説は物語っているのではないか。

ここで「真の芸術作品は本質的に「より少なく」語る」というカミュの言葉を思い出そう。裏返せば、実際の語りよりもはるかに多くのことを読者に喚起するのが真の芸術作品であるとも言えるのだが、七〇年ぶりとなる『ペスト』の新訳を手掛けた三野博司は、あとがきで次のように述べている。「この小説はたんにレジスタンスの物語でも、疫病の物語でもない。それだけにとどまらず、広い意味での災禍との戦いの物語であり、いつの時代にあっても私たちの惑星のいたるところで人間を襲うあらゆる不条理な暴力との戦いの物語なのである」。過酷で不条理な天災や人災は、人類の歴史上に絶えず現れる。だが、人類が反抗の姿勢をそれでも崩さないのであれば、『ペスト』は時間と空間を超えて、豊かな示唆を読む者に対して与え続けるだろう。

「私は反抗する、ゆえに私たちは存在する」

『ペスト』『正義の人びと』とともに「反抗三部作」を構成するエッセイ『反抗的人間』は、不条理と反抗をめぐるそれまでのカミュの思索の集大成である。共産主義と全体主義を批判した政治的著作でもあるが、まずは、本書の中核をなしている集団的反抗の思想を見ていく（なお、「反抗三部作」の最後の一つである戯曲『正義の人びと』は、第6章でメルロ＝ポンティとカミュの対立を論じる際に紹介したい）。

不条理の概念が改めて問い直され、反抗の運動が細かく分析される『反抗的人間』の第一章は、「私は反抗する、ゆえに私たちは存在する」という言葉で結ばれている。近代哲学の礎《いしずえ》を築いたデカルトの有名なフレーズ、「我思う、ゆえに我あり」を鋳直《いなお》して作られた、この集団的反抗の第一原理をさっそく解析してみよう。『シーシュポスの神話』で論じられたように、私は、非合理な世界に対して、あるいは人間の宿命である死に対してまずは個人的に反抗する。とはいえ、死とは個人の運命であるのみならず、人類に共通する運命でもあるし、『ペスト』が物語っているように、人びとを無差別に襲う共通の災厄として現れることもある。したがって、私の反抗は個人の枠を超えた集団的反抗へと発展し、個々の反抗者たちは、死という共通の悪との戦いを通じて連帯の絆で結び付けられながら、存在する。以上をカミュは「私は反抗する、ゆえに私たちは存在する」という短い言葉に託したと言えよう。

　さらには、こうした集団的反抗は「すべての人間の上に、最初の価値を築きあげる共通の場である」とも主張される。とはいえ、一般的に反抗とは、たとえば、無差別に人命を奪う天災や暴君に対して人びとが連帯して立ち上がるのは、何らかの価値を肯定し、構築するためなのだろうか。そうではなく、許しがたい災厄や暴力に対する強い否定の感情に衝き動かされて、人間は反抗に踏み切るのではないか。この問いに対するカミュの答えは一見したところ撞着《どうちゃく》的である。「反抗的人間」とは、「否《ノン》と言う人間のことである」のだが、同時に「諾《ウィ》と言う人間でもある」とも定義されているのだから。「はい《ウィ》」か「いいえ《ノン》」か、どっちなのか。そう問いたくもなるが、実はカミュの反抗の思想は本質的に肯定と否定の両方を含み持ち、双方の均衡を糧にしてこそ成立する。

　まず、許容できない暴力や圧迫に対する否定の衝動から、人間が反抗に踏み切るのは間違いないのだが、反抗は「他人が犠牲になっている圧迫を見ても起こりうる」ともカミュは注意を促す。たとえば、独裁者に人びとが奴隷のような扱いを受けている国を訪れた人間の心に、何らかの反抗の感情が芽生えたとしたら、そこには、自らの自由や生命ではなく、ほかの人間たちの自由や生命が蹂躙《じゅうりん》されている現実に対する憤りといった、強い否定の念があると考えられる。カミュはこうした否定の情動を仔細に分析する。そして、その根底には、自分や虐げられている他者のみならず、虐げている者をも含めたあらゆる人間に共通する何らかの価値の肯定が、漠然とだが存在しているとする。

すなわち、誰であれ人間は自由であるべきだし、その命は尊重されるべきだといった普遍的な価値の肯定。こうした万人共通の価値をそもそも暗黙裡に「肯定」しているからこそ、誰であれ人間が奴隷のように虐げられている状況は「否定」せずにはいられない。そこから、人間は反抗へと向かうのだから、反抗的人間は「諾《ウィ》と言う人間」であると同時に「否《ノン》という人間」であらざるを得ないのだ。

反抗者の心には否定の情動のみならず、生命や人間性の尊重などの普遍的な価値の肯定が表裏一体で刻まれている。反抗が「すべての人間の上に、最初の価値を築きあげる共通の場」となりうるのも、その限りにおいてだ。裏返せば、肯定と否定のバランスが、『反抗的人間』のキーワードを用いれば「中庸」が失われてしまえば、集団的反抗は瓦解してしまう。たとえば、独裁に抗して立ち上がった反抗者たちが、極端な否定の衝動に突き動かされて、独裁者やその側近および支持者たちを右から左へと問答無用で殺害するのならば、その際には誰であれ人間の命は尊いといった普遍的な価値の肯定に背くことになる。集団的反抗は倫理的な価値を築きあげる場になるどころか、酸鼻なジェノサイドに堕してしまう。

他方、反抗者たちが、独裁者に対する怒りや拒絶といった否定的な感情を完全に喪失してしまえば、集団的反抗を続ける理由もモチベーションも消えてしまう。「存在するためには、人間は反抗しなければならない」とまでカミュは述べるのだが、反抗者たちが連帯の絆で結ばれて確かに存在するためには、虚無的な破壊や殺戮に身を委ねてもならないし、極端な平和主義や日和見主義に甘んじてもならない。両者のあいだに緊張と中庸を保つ必要があるのだ。

「歴史のなかで歴史に抗して」

ここまで集団的反抗の概念や倫理を見てきたが、カミュによれば、一九五一年に刊行された『反抗的人間』は、「歴史のなかで歴史に抗して」書かれた著作であるという。実際、本書の真の顔が現われるのは、現代史に見られる社会的、政治的な悪に対する集団的反抗を論じる第五章「正午の思想」においてである。そこでは、反抗者は「歴史を拒否し、歴史に異議を申し立てる」と語られているが、推論的というよりも作者の肉声が響き渡っているかのような、この一節をまずは読んでみよう。

こうして、革命が権力と歴史の名のもとに、殺人的で過激な機械仕掛けとなるとき、新しい反抗が中庸と生命の名において崇高なものとなる。私たちはいまこうした極限にいる。この暗闇の果てには、しかしながら必ず光がある、私たちはすでにそれを知っているし、その光が輝きだすためにこそ闘わなければならないのだ。

この一節を読み解くには当時の歴史的、政治的状況に関する若干の知識が必要かもしれない。たとえば、「革命が権力と歴史の名のもとに」という文言。ここで暗示されているのは、プロレタリア革命を経て、人間による人間の搾取も、暴力も不平等も階級もない社会が実現され、人類の歴史は幸福な終焉を迎えると説く共産主義的なイデオロギーであろう。ついで、「殺人的で過激な機械仕掛け」という穏やかならぬ比喩表現は、こうした歴史のハッピーエンドへと人類を導くという錦の御旗《みはた》のもとに、暴力や殺人を正当化する権力機構をたとえたものだと言える。ここまで述べれば、第二次世界大戦終結後、東欧諸国を次々と傘下におさめ勢力圏を拡大したソビエト連邦の姿が見えてくる。つまりは、階級なき社会の実現というイデオロギーのもとに粛清や弾圧を正当化し、強制収容所などの暴力装置も内包しているソ連型の支配システムに対する反抗を、カミュはここで痛切に訴えているのだ。

しかしながら、こうした反抗の訴えは時代の空気と絶望的に乖離していた。というのも、人類の幸福な未来を約束する共産主義的思潮は、終戦直後から権威と魅力を増大させ、労働者から知識人にいたるまでの多くの人びとを惹きつけていたからだ。たとえば、一九四五年のフランスの制憲議会選挙では、共産党は一二六議席を獲得して第一党となっている。ソ連もまた、強制収容所や強制労働の実態が暴かれていくにもかかわらず、それでも多くの人の目には、階級なき社会へと向かう人類の希望の担い手であり続けていた。結果として、「私の著作のなかでも一番重要な著作」とカミュが位置づけていた『反抗的人間』は、激しい批判や冷笑、無理解に晒《さら》された。

歴史を動かす力としての集団的反抗

もっとも、それから七〇年以上の歳月が流れた現在では、共産主義は往時の輝きを失っているし、ソ連もすでに崩壊して久しい。『反抗的人間』の分析の妥当性は、歴史の流れそのものによって証明された観もある。

「すべての反抗者は、圧迫者の前に立ちはだかるというただ一つの行動で、人間の生命を擁護し、隷属、虚言、テロリズムとの戦いに入るのだ」とカミュが記すように、反抗者たちは殺人や不正や隷属を拒絶し、死刑執行人や圧政者や独裁政権を否定する。と同時に、普遍的な人命の価値や自由や正義を肯定する。こうした否定と肯定のあいだの中庸を保ちながら展開される集団的反抗は、反抗という言葉が持つ攻撃的なイメージに反して、流血や殺人もお構いなしの無差別テロや武装蜂起からはかけ離れている。むしろ実際には、独裁者や不当な政策に対して、市民たちが団結しておこなうデモやストライキなどが近いだろう。

そこで、一九五一年の『反抗的人間』出版以降の世界史の流れを、特に八〇年代後半から九〇年代初頭にかけての歴史の大転換を思い出してみよう。八九年一〇月からはじまった東ドイツの民衆の反政府デモは、冷戦の象徴であり、東西ドイツを二分していたベルリンの壁の崩壊を引き起こした。ソ連の衛星国であったポーランド、チェコスロバキア、ルーマニアなどの東欧諸国でも、立ち上がった民衆たちによって、共産主義体制は終焉を迎えた。九一年にはソ連そのものが崩壊、半世紀近くに及んだ東西対立の歴史に終止符が打たれている。

カミュは集団的反抗の原理を「私は反抗する、ゆえに私たちは存在する」という言葉に託したのだが、「歴史に対して、「私たちは存在する」のであり、歴史は、歴史のなかに今後も維持されるべきこの「私たちは存在する」を、考慮にいれなければならない」ともさらに踏み込んで述べていた。そして、このように反抗と連帯の絆で結ばれて、現代史のなかに確固として存在する「私たち」の任務とは、「こんにち私たちが正しいと知っている姿に似せて、歴史を創造すること」だとも告げていた。

すなわち、一人ひとりの人間の力は小さくとも、彼らが連帯して、現代史のなかにみられるさまざまな災厄（カミュが念頭に置いていたのはソ連型の全体主義的支配機構であった）に対して立ち上がるならば、それは歴史を動かす無視できぬ力になる。新たな歴史の一ページを創る原動力ともなり得るのだ。

こうしたカミュの分析の妥当性は、一九八〇年代後半以降の歴史のなかで、遅まきながら確かめられた観がある。九〇年代以降、カミュの思想の先見性と現代性をさまざまな角度から論じてきたジャンイヴ・ゲランの言葉を借りるのならば、多くの批判や中傷を被ったエッセイ『反抗的人間』、その著者の最大のあやまちは「あまりにも早く正しかった」ことだったのかもしれない（Jeanyves Guérin, *Camus, portrait de l'artiste en citoyen*, Paris, François Bourin, 1993, p. 135）。

第3章　「女性」とは何か――ボーヴォワール

I　実存主義の恋人たち

最初の女性哲学者？

サルトルやカミュ同様、ボーヴォワールもまた、小説、戯曲、哲学的エッセイ、評論、紀行文などの多面的な執筆活動をくり広げた。数千ページにおよぶ一連の回想録には、幼少期からサルトルとの死別にいたるまでの生涯と思索の歩みが克明に綴られている。旺盛な筆力を誇った彼女のもっとも有名な著作は、一九四九年に世に出た『第二の性』である。女性や女性が抱える問題について、哲学的観点から深く踏み込んで論じた同書の反響はめざましく、「シモーヌ・ド・ボーヴォワールは、おそらく人類史上に登場した最初の女性哲学者」であり、「フロール〔サルトルやボーヴォワールが活動拠点としたパリのカフェ〕のテーブルに座って革命的な八〇〇ページを書き上げた」と、『パリ・マッチ』誌は第一面で報じている。「革命的な」という表現は決して誇張ではなかった。『第二の性』は日本語を含めた数十ヵ国語に翻訳され、以降、フランスでも海外でも女性解放運動の重要な理論書であり続けたのだから。

戦後の日本でも、フランス思想界のスターであったサルトルのパートナーとしてはもとより、エポックメイキングな『第二の性』の著者として、彼女の名は広く知られており、多くの作品が同時代的に翻訳された。一九六六年にはサルトルと一緒に来日しており、時代を代表する知識人カップルは、当時の日本人、とりわけ若い男女たちから熱烈な歓迎を受けている。戦後フランス思想を華やかに（後に見るように、ときにはスキャンダラスに）彩った作家にして哲学者、その来歴と作品を、回想録も参照しながらまずは振り返ってみよう。

「私は無数の心のなかで燃え続けるだろう」

シモーヌ・ド・ボーヴォワールは一九〇八年一月九日、パリで生まれた。父親は法律事務所で働いており、母親は裕福な銀行家の娘であった。二歳下の妹は長じて画家になった。家庭内では、敬虔なキリスト教徒の母親が道徳教育を、素人演劇の愛好家にして熱心な読書家でもあった父親が学問の手ほどきを、それぞれ担当した。

現在からすると隔世の感があるのだが、当時のフランスでは、上流階級の娘は学業を続けて職に就くのではなく、持参金をたずさえて嫁ぐのが当たり前とされていた。だが、父親の事業の失敗などから一家の経済状況が悪化すると、二人の娘は父親からこう言い聞かされるようになる。「お前たちはお嫁にはいかないのだよ。お前たちには持参金がないのだから、働かねばならないのだよ」。上流階級の名士との結婚は消えた。さらには、熱心なキリスト教徒であった母親の影響のもと、幼いころから育んでいた信仰心も十代半ばで失った。とはいえ、「自分の心のなかにも天上にも神は存在しないと知ったとき」にボーヴォワールが見出したのは、絶望でも驚きでもなく、大きな安堵感および「自らの幼年時代と性から解放された」新たな自分の姿であったという。宗教と結婚、二つの束縛から解放された彼女は猛勉強にはげみ、やがて大学入学資格試験《バカロレア》に合格する。

ちなみに、回想録によると作家の道を志したのは一五歳のときのようだ。来世での永遠の生を約束してくれる「神はもう存在していなかった」が、「文学は失われた永遠を補ってくれるだろう不死を私に保証してくれていた」。というのも、全世界の読者たちに読み継がれる不滅の作品を創造することで、「私は無数の心のなかで燃え続けるだろう」から。この言葉は何とも予言的に響く。なぜなら『第二の性』が世界各国で多くの読者を獲得し、現在でも女性解放運動の不朽の一冊と評されているのだから。

ボーヴォワール（1908〜86）
Shutterstock/アフロ

カストールとサルトル

一九二八年にソルボンヌ大学に入学すると、「いつでもすべてを知りたいと願っていた」ボーヴォワールは哲学を選択。教職に就き経済的自立を得るために、難関で知られる教授資格《アグレガシオン》試験の突破を目指す。二九年春、生涯のパートナーとなるサルトルと出会う。両者ともに哲学の教授資格試験の受験準備をしていたのが、邂逅《かいこう》のきっかけとなった。

なお、ボーヴォワールの回想録によると、サルトルは彼が在籍していた高等師範学校において、ポール・ニザン（後に作家となる。代表作に『アデン アラビア』『番犬たち』など）やルネ・マウー（後に哲学教員となり、ユネスコ事務局長も務める。なお回想録ではアンドレ・エルボーと改名されている）とつるんで、悪名高い孤高のグループを形成しており、「その三人のなかでも一番すさまじい」との評判をとっていたそうである。マウーは、彼女に「カストール《ビーバー》（Castor）」というあだ名をつけたのだが、これは「ボーヴォワール（Beauvoir）」という名前と英単語の「ビーバー（Beaver）」の綴りの語呂合わせにちなんでいる。サルトルは彼女を生涯この二つ名で呼んだ。出世作『嘔吐』の冒頭にも「カストールに」捧げると献辞が刻まれている。

素行の悪さで知られていたサルトルだったが、ボーヴォワールはその知性に圧倒される。と同時に「微妙な相違はあるにしろ」、自分と同じ種類の人間と認め意気投合する。たとえば、両者ともに哲学の徒であり作家志望だったが、彼女は「何も書かない人生など考えだにしなかった」し、「サルトルは書くためにのみ生きていた」。こうして、「彼はもう一人の私」であり、「私のあらゆる情熱を熱狂的に持って」おり、「彼とはいつまでもすべてを分ち合えるだろう」から、「彼が自分の人生からもう絶対に去らないことを私は知っていた」と、電撃的な出会いを振り返っている。

一九二九年、二一歳で哲学の教授資格試験に合格。ボーヴォワールは次席だったが（前年に落第したサルトルが首席）、二一歳での合格は男女合わせても最年少だった。その後、法的な婚姻関係を結ばずに、互いの自由を尊重しながら、嘘偽りのない親密な関係を目ざそうというサルトルの提案を受け入れる。結婚せずに恋人であり続けるという二人の選択は、戦後になって、旧弊な社会規範からの脱却を願う世界各国の若い世代を魅了するだろう。

作家デビューから晩年まで

一九三一年より教職につき、まずはマルセイユで、次いでルーアンで、三六年以降はパリで哲学教師をつとめる。三九年に第二次世界大戦が勃発すると、サルトルは召集され、次いで捕虜となる。その後、釈放されパリに戻ってくると、ボーヴォワールは彼とともにフロールのテーブルに陣取り執筆に打ち込む。サルトルが哲学書『存在と無』を刊行した四三年、ボーヴォワールも長編小説『招かれた女』を出版し、念願の作家デビューを果たす。翌年には、哲学的エッセイ『ピリュウスとシネアス』（日本語版のタイトルは『人間について』）も公刊し、哲学者としての一歩も踏み出した。

第二次世界大戦終結後は「食べるための仕事」であった教職から離れ、筆一本の世界に入る。作家として、雑誌『現代』の編集協力者として、実存主義の理論家として、彼女が執筆した主要な作品を挙げてみよう。小説『他人の血』と戯曲『ごくつぶし』（一九四五年）、小説『人はすべて死す』（四六年）、哲学的エッセイ『両義性のモラル』（四七年）、紀行文『アメリカその日その日』と評論『実存主義と常識』（四八年）、女性論『第二の性』（四九年）、小説『レ・マンダラン』（五四年、ゴンクール賞受賞作）、自伝『娘時代』（五八年）、自伝『女ざかり』（六〇年）、自伝『或る戦後』（六三年）、小説『おだやかな死』（六四年）、小説『美しい映像』（六六年）、小説『危機の女』（六七年）、評論『老い』（七〇年）、自伝『決算のとき』（七二年）など。サルトル同様、ボーヴォワールもジャンル横断的な執筆活動を精力的に続けた。また、七〇年以降、フランスで女性解放運動（ＭＬＦ）が高まると、運動資金を工面したり、あるいは自ら陣頭に立ったりと、歩き出した女性たちを陰に陽に支援した。

一九八一年には、前年に世を去ったサルトルとの晩年の生活を描いた『別れの儀式』を発表。「彼の死は私たちを引き離す。私の死は私たちを再び結びつけはしないだろう」。そう記しつつも、「私たちの人生がこんなにも長いあいだ共鳴し合えたこと、それだけですでに素晴らしいことなのだ」と、半世紀にもおよんだサルトルとの関係を澄んだ筆致で締めくくる。

ボーヴォワールとサルトルの眠る墓
akg-images/アフロ

パートナーの死から六年後の八六年四月一四日に、ボーヴォワールも七八歳で世を去った。二人は現在、パリのモンパルナス墓地の同じ墓で永遠の眠りについている。なお、死の四年後、『戦中日記』と『サルトルへの手紙』が公刊された。二〇二〇年にはこれまで未刊行であった自伝的小説『離れがたき二人』が出版され、日本でも翌年に翻訳版が出ている。

「必然的な」愛と「偶然の愛」

ボーヴォワールは一五歳にしてすでに作家を志し、「自らの人生によって培われた作品を書くことで、私は自分自身を新たに創造し、自らの在り方を根拠づけるだろう」と心に決めていた。長大な自伝を書き上げたのみならず、自らが生きたさまざまな経験が昇華された小説をいくつも残したこの作家にとって、自己の創造、人生の創造、文学作品の創造、これら三つの創造は一つに結びついていたのかもしれない。彼女は、「私のもっとも重要な作品とは私の人生である」とも述べている。

ボーヴォワールの生涯を彼女が書き上げた一編の長編小説とみなすのならば、なかでも強い印象を同時代人に与えたストーリーの一つは、サルトルとの自由な契約であるだろう。婚姻関係は結ばない、子どもも持たない、自由な恋愛および性的な自由を双方に等しく認める、ただし、互いに嘘や隠し事をしないという条件のもとで。婚姻制度の否定、一夫一妻制の否定、ステレオタイプな良妻賢母型の女性像の否定。要するに、従来の社会的規範や価値観のラディカルな否定。その上に築かれる新たな男女の結びつきを、ボーヴォワールはサルトルと一緒に肯定しようとした。戦後、二人が世界的な著名人になると、各国の若い世代の恋愛観に大きなインパクトを与えることになった。

「僕たちの愛は必然的なものだ。だが、偶然の愛を知る必要もあるさ」。これは、若き日のサルトルがボーヴォワールに放った殺し文句として知られる。女性たちのさまざまな魅力を放棄しまいとするサルトルが、偶然の愛を、すなわち多くの女性と行きずりの関係を持ったのはよく知られている。だから、ボーヴォワールは、根っからの誘惑者で女好きであったサルトルの犠牲者だともしばしば言われたが、偶然の愛を生きたのは彼女も同様であるようだ。たとえば、一九四七年に渡米した際に出会った一つ年下のアメリカ人作家ネルソン・オルグレン。ユダヤ人の大量虐殺を描いた映画『ショア』の監督でも知られるクロード・ランズマン。ボーヴォワールは彼らと熱烈な恋愛関係を結んでいる。なお、二〇一八年に公開されたランズマン宛ての書簡では、クールで理知的な女流知識人といった従来のイメージとは異なる顔ものぞかせている。彼女は一七歳年下の恋人にこう語りかける。「かわいい人、あなたは私の絶対で一番の恋人です〔……〕。私は永久にあなたの妻です」。

必然の愛以外にも偶然の愛も許容するという契約に基づき、伝統的な婚姻関係の束縛を断ち切って、ボーヴォワールもサルトル同様に恋愛と性愛を自由にかつ堂々と追い求めた（なお、彼女自身は最後まで否定していたものの、関係者などの証言によると、その偶然の愛の対象には女性も含まれていたようである）。とはいえ、互いに愛人を持つことを認めるという取り決めは、複雑な人間関係に基づく軋轢《あつれき》も生み出した。そうした経験はボーヴォワールの他者論や自由論の形成にも影響を及ぼしたであろうし、何よりも文壇デビュー作である『招かれた女』を生みだした。この小説を起点にして彼女の思想に近づいてみよう。

「それぞれの意識はほかの意識の死を求める」

『招かれた女』は一九三七年末頃から執筆が開始され、四三年にドイツ占領下のフランスで出版された。物語の舞台は第二次世界大戦勃発前の不安と緊張に満ちた三八年のパリ。主人公は女流作家フランソワーズ・ミケル。彼女は俳優兼舞台監督のピエール・ラブルッスの愛人であり、二人は婚姻関係を結ばずとも、互いに良き理解者として、仕事の協力者として、満ち足りた共同生活を送っていた。ある日、フランソワーズは偶然知り合った美しい娘、グザヴィエール・パジェスに魅力を感じる。そして、フランス北部の地方都市ルーアンに戻ろうとする彼女にパリで暮らすよう提案し、自らの手許《てもと》に置いて面倒を見ることに決める。

だが、手に職を持ち自立した女性になるようにと、どれだけフランソワーズが骨を折ってみても、「招かれた女」であるグザヴィエールは、一切の努力や勉強を「滑稽」で「みっともないもの」として否定する。「私は、棚からぼたもち式に天から降ってくるものこそ、貴いと思ってるわ」。フランソワーズの献身をよそに、無為と気まぐれに身を委ねるグザヴィエールが、自分とピエールとの関係に割り込んでくると、カップルのあいだに不協和音が響きはじめる。フランソワーズは一貫性と誠実さに欠ける彼女の言動に対して、あるときは愛情を、あるときは保護者のような責任感を、またあるときにはピエールとの関係をおびやかす敵として嫉妬と憎悪を抱く。そして、戦争が始まりピエールが召集された後に、フランソワーズがベッドに眠るグザヴィエールを眺める場面で、物語は急展開をむかえる。

長いあいだ、まっ暗な影で自分を苛んできた敵の存在と、空間を超え、時間を超えて、二人だけで顔を突き合わせているのだ。この女は、自分一人だけのために存在し、自分一点張りで、自らを否定する人間をことごとく亡ぼしてしまう。勝ち誇って、全世界を独り占めにして、際限なく、どこまでも、唯我独尊の触手を伸ばしては、悦に浸っているわけだ。

「この子か、自分か」どちらかを残し、どちらかを消さねばならない状況にまで追い込まれたことを自覚したフランソワーズは、グザヴィエールが眠る部屋をガスで満たし殺害を企てる。「ぎりぎりでどちらかを選んだ。自分を選んだ」。フランソワーズが短くそう言い残す場面で物語は終わる。

複雑にきしむ三者関係を描いた『招かれた女』だが、その登場人物の何人かにはモデルとなった人物がいるようである。たとえば、主人公の聡明な女流作家フランソワーズは、ボーヴォワール自身がモデルであろう。彼女のパートナーであり、精力的に高みを目指す野心家にして、最後には戦地へと向かっていく俳優兼舞台監督のピエールは、サルトルの姿を想起させる。二人のあいだに割って入るグザヴィエールのモデルは、ルーアンでボーヴォワールが教師をしていた際の教え子であったオルガだと言われている。

ボーヴォワールは、医学部進学コースの受験に失敗していたオルガの勉強の指導を請け負うのだが、やがてサルトルが一〇歳年下の彼女に対して並みならぬ愛情を示すようになると、当惑と嫉妬を隠せなくなってしまう。もっとも、最終的には彼女が田舎の両親のもとに帰ることで、ボーヴォワールとサルトルの関係は破局を免れている（実は、その後も三者の交友は続いた。やがて彼女は演劇の道に入り、サルトルの戯曲『蠅』のエレクトル役を演じている。また、『招かれた女』の冒頭には「オルガ・コザキエヴィッツに」捧げると献辞が刻まれている）。

『招かれた女』は三人称小説ではあるが、基本的に主人公フランソワーズの視点で描かれており、自由と献身、愛情と憎悪、自己と他者などのあいだを揺れ動く彼女の意識の流れが、精緻かつ克明に叙述されている。この小説は心理小説の傑作として成功をおさめたが、ボーヴォワールは自らの実人生の数ページを芸術作品に昇華させたと言えよう。

また、本作は自由や他者といった問題をストーリーに溶け込ませた哲学的小説でもあり、そのエピグラフには「それぞれの意識はほかの意識の死を求める」というドイツの哲学者ヘーゲルの言葉が掲げられている。自らの存在と自由をおびやかす他者の殺害で幕を閉じるこの物語は、サルトルが哲学書『存在と無』で論じている自由をめぐる他者との相克関係を思い起こさせる。あるいは、「地獄とは〈他者〉のことだ」という台詞で知られる戯曲『出口なし』にも一脈通じているだろう。

なお、戦後フランスでのボーヴォワールは「女性サルトル主義者」であり、その思想はサルトルの亜流に過ぎないと過小評価される傾向も見られた。確かに彼女自身も後年のインタビューで、「哲学に関して、私はサルトルの弟子でした」と、「彼の哲学的思想を私はとりいれました」と謙遜を込めて答えている。とはいえ、自由をめぐる他者との軋轢を描く『招かれた女』は、サルトルが『存在と無』を書きはじめる以前の一九三七年末頃から執筆が開始されている。したがって、ボーヴォワールは必ずしもサルトルのフォロワーではなく、むしろ他者や自由をめぐる倫理的思想では彼をリードする側にあったと、杉藤雅子が綿密な資料分析に基づき論証していることを付記しておきたい（杉藤雅子『自由と承認：シモーヌ・ド・ボーヴォワールの倫理思想』、早稲田大学、博士論文〔文学〕、二〇一一年、「早稲田大学リポジトリ」にて検索および閲覧可能）。

さて、新進女流作家ボーヴォワールを誕生させた『招かれた女』だが、わざわざ招いた女性を自らの手で殺害する結末は、印象的だが不謹慎だとの批判や叱責も集めた。そこで、同小説の執筆を経て、ボーヴォワールは自由と他者をめぐる倫理的な問題を、おそらくはサルトルに先駆けて掘り下げていく。彼女は回想録にこう記す。

『招かれた女』の結末は私を満足させなかった。共存が生みだすさまざまな困難を乗り越えさせてくれるのは、殺人ではない。私はこうした困難から身をかわすのではなく、正面から取り組もうとして、『他人の血』や『ピリュウスとシネアス』において、他者との正しい関係を明示しようと努めた。

他者とは自らの自由を奪う厄介者でしかないのか。相互承認にもとづく共存関係は不可能なのか。次に、一九四四年刊行の哲学的エッセイ『ピリュウスとシネアス』を紐解いてみよう。

Ⅲ　自己と他者、自由の両立に向けて
――『ピリュウスとシネアス』『両義性のモラル』

「献身」と「明晰な寛大性」

ボーヴォワールもサルトル同様、自らの哲学を実存主義と呼んだ。両者の思想には根本的な共通点がいくつも見られる。たとえば、サルトルによれば、人間において「実存は本質に先立つ」のだが、ボーヴォワールもまた「人は、理由なく、目的なく、存在している」と述べる。かくして、人間は何らかの目的を自分で定め、その実現に向けて行動を起こさねばならないとするが、「目的地に達すると、ただちにそれは新しい出発点になる」のだから、「人間は静止を見出すことができない」。ゆえに人間とは絶えざる「投企」であり「超越」であり、だから「自由」であるとボーヴォワールは明快に記す。常に新たな目的を主体的に企て、その実現に向けて自らを未来へと投げ出す（投企する）ことで、これまでの自分を不断に乗り越えて（超越して）いくからこそ、人間は自由なのだ。こうした実存主義的な根本理念を踏まえたうえで、『ピリュウスとシネアス』では他者との関係が、とりわけ、自己と他者との自由の両立の可能性が模索される。まずは「献身」と「寛大な行為」という論点について、小説『招かれた女』も思い起こしながら、眺めてみよう。

世間一般には美徳とされる献身だが、ボーヴォワールによれば、自分の自由も他者の自由も損なう結果を招くという。まず、他者に身を捧げる点では、自らの自由を放棄して「自分自身を一個の従順な道具にしてしまう」。さらには、献身は往々にして相手を感動させず、むしろ怒らせさえする。というのも、相手はこれを望んでいるはずだという推測に基づき、何らかの奉仕をするわけだが、当の相手はまったくそんなことを望んでいないケースも当然あり得るのだから。その際には、献身はお節介どころか抑圧となるが、献身を続ける者はそれに気づくどころか、相手を忘恩の輩だと非難するだろう、ちょうど『招かれた女』のフランソワーズが、グザヴィエールを殺害する前にこんな恨み節をぶつけているように。「ずっと前から、私はあなたを幸福にすることばかり心掛けてきたのに、あなたのほうでは私の幸福を少しも考えてくれなかったのね」。

結局のところ、何を目指し、何を望むかはその人の自由である。だから、こうした他者の自由を暗に否定したうえで、自らの自由も放棄する形で献身を続けるならば、自らの自由も他者の自由も両者の人間関係も、いびつにゆがんでしまうと言えよう。

そこで、ボーヴォワールは献身ではなく「明晰な寛大性」に基づく行為に着目する。自らの自由意思に基づき、他者のために何かをする際にも、一切の見返りを求めないのが寛大な行為である。見返りを求めないのだから、他者が自らの行為に感謝を示すも示さないも自由だと明晰に認めるわけで、これは他者を自由な主体として承認することにつながる。だから、明晰な寛大性に基づく行為では「互いに排斥し合うように見えるあの二つの自由、他者の自由と私の自由を差し向かいの形で保持することが可能でなければならない」。わがまま極まるグザヴィエールへの献身の末に、彼女の存在と自由を抹殺せざるを得なかったフランソワーズに欠けていたのは、この種の寛大性だったのではないか。

ボーヴォワールは私の自由と他者の自由が、寛大性に基づく行為のもとで両立する可能性を示す。そこからさらに進んで、「私たちは、自分たちの存在が、打ち立てられ、必要なものになるために、他人を必要とする」とも述べる。人間は、何らかの新たな目的を主体的に企て、行動を起こすことで、絶えず現在の自分を超え出ていく自由な存在である。もっとも、自らの行為がはたして価値あるものだったのか、自らの存在には何らかの意味や必要性があるのか、最終的にそれらを判断するのは私ではなく、他者という自由な人間たちであるとボーヴォワールは明言する。だからこそ、自らの自由意思に基づく行為に対して、他者が自由に示すさまざまな反応や評価を導きの糸としながら、しかるべき目的を新たに企て、さらなる未来へと進む必要がある。さもなければ「私は砂漠のただなかで踏み迷うだろうし、私の残したすべての足跡もどうでもよいものになるだろう」から。

「したがって、私にとって本質的に必要なのは、私の眼前に自由な人間たちを持つことだ」と言い切る彼女は、「地獄とは〈他者〉のことだ」と作中人物に言わしめた劇作家とは確かに一線を画している。とはいえ、やはり自由と寛大性の名のもとに、その後のサルトルも、自己（作者）と他者（読者）が互いの自由を承認し合うといった「作者と読者のあいだの寛大性にもとづく契約」を呼びかけている。背景には、文壇デビュー以来、他者と自由についての思索を絶えず深化させていったパートナーの姿があったのは想像に難くない。

私の自由と万人の自由

『ピリュウスとシネアス』に続く哲学的エッセイ『両義性のモラル』も、自由と他者の考察に多くのページが割かれている。なお、一九四七年に出版された同作は実存主義の擁護のために書かれた。すでに見たように、人間の自由を謳う実存主義は、四五年のサルトルの講演「実存主義はヒューマニズムか」以来、新時代の思想として一躍脚光を浴びた。その一方で、「人間とは無益な受難である」という『存在と無』の一節が端的に物語るように、無神論に基づく実存主義は虚無的な独我論であり、道徳的指針を欠いているといった批判が、カトリック陣営や共産主義者たちなどからなされた。これに対し『両義性のモラル』は、「自由とはすべての意味と価値がそこから湧き上がる源泉であり、実存のあらゆる正当化の根源的条件である」と反論する。すなわち、自由を基盤とした倫理的な価値の構築や実存者同士の相互承認の道徳（モラル）の創出が、同書の狙いである。

哲学的であると同時に倫理的でもある本作では、自由についても二つの次元で論じられている。まず、哲学的ないし存在論的な次元では、人間は何らかの本質をあらかじめ持っておらず、新たな目的や自分を自由に選び、現在の自分を不断に乗り越えていくのだから、「サルトルが宣言している」ように、「すべての人間は自由であり、自由でなくなるための手段を何一つ持っていない」。たとえば、牢獄に閉じ込められた死刑囚ですらも自由である。鎖に繋《つな》がれたまま処刑を待つか、脱獄を企てるか、自らの自由意思でどちらかを選択できるからだ。いわばサルトル的なこうした自由を、ボーヴォワールは「自然的」自由とも呼ぶ。

とはいえ、脱獄の可能性がゼロに等しい場合はどうだろうか。その際にも選択の自由は確かに奪われてはいないのだが、諦めて処刑を待つか、無謀な脱獄を企てるか、いずれにしても暗い未来しか選べない。抑圧や隷属を課されており、肯定的な未来から締め出されている人間をそれでも自由であるとみなすのは（一切の未来や希望が失われることで、現在時における自らの生の輝きおよび解放を逆説的に確信した『異邦人』の主人公は例外としても）、道徳的観点からすれば難しいのではないか。ボーヴォワールも「私の自由が実現されるためには、開かれた未来に道が通じていることを必要とする」と述べており、『両義性のモラル』が目を向けるのは、こうした「道徳的」自由である。すなわち、人びとが抑圧や隷属から解放されて、それぞれの開かれた未来へと自由に向かうためには、どうすればよいのか。

そのためには、他者を物や奴隷のように扱わないことが、要するに他者を自由な人間ないし主体として尊重することが不可欠である。万人がそれを肝に銘じて行動すれば、隷属状態に追いやられ、未来を奪われる人間はいなくなるだろう。だが、こうした理想の実現が困難なのも間違いない。ときには、他者の自由や存在を犠牲にしてでもおのれの自由を求めるのが、人間の現実ではないか。小説『招かれた女』のエピグラフには、「それぞれの意識はほかの意識の死を求める」と刻まれてはいなかったか。この点、『両義性のモラル』のボーヴォワールの考察は深く豊かな示唆に富んでいる。自らの自由を欲することと、他者の自由を欲することは、実は同一の意思に基づくと言い切るのだから。

ただし、自由という原理は私の原理である以上に他者の原理であるわけではない。それは普遍的に人間的な原理なのだ。奴隷が自らの隷属状況を自覚して欲しいと私が思うのならば、それは私自身が圧制者でありたくないからであり――というのも、どんな不干渉も共犯なのだし、この場合は圧制への共犯となるのだから――、それと同時に新たな諸可能性が解放された奴隷に対して開かれ、また彼を通じてすべての人びとに対して開かれるからである。実存を欲すること、世界を開示しようと欲すること、自由な人間たちを欲することは、ただ一つの意思である。

順を追ってこの壮大な自由論を見ていこう。まず、自らが自由でありたいのならば、隷属状態にあるほかの人間の解放を求めねばならない。それを求めないことは圧制の黙認を意味するのだから、圧制の共犯者ないし圧制者の一人となってしまう。こうして、望まぬうちに圧制者とならざるを得ないといった不自由を被ってしまう。それを避けて、自らが自由な存在であり続けようとする場合は、隷属を強いられているあらゆる人間たちの解放を求めざるを得ない。ひいては、すべての人間に対して未来と可能性が自由に開かれている世界を切り拓かねばならない。こうして、自らの自由を欲することは、万人が自由である世界を欲することでもあるといった両義性のモラルが帰結する。

なお、このモラルは、圧制者に対して「奴隷が立ち上がるのは同時にすべての人間のため」であり、人命の尊重や自由などの万人に共通する普遍的な価値を肯定するためだと説く、カミュの『反抗的人間』のモラルにも一脈通じている。もっとも、『両義性のモラル』の四年後に出版されたこのエッセイに対して、ボーヴォワールは批判的ではあった。「ペンを持つと、彼はこちこちのモラリストになり、私はそこにあの愉快な世遊び仲間の片鱗《へんりん》すら見出せないのだった」とは、いつでも本質を包み隠さず（あるいは歯に衣《きぬ》着せず）語る彼女のカミュ評である。

いずれにせよ、カミュに先駆けてボーヴォワールは、自由を人類全体にかかわる普遍的な問題とみなしつつ、人間は「どんな代価を払っても、抑圧を拒否しなければならない」と言い切る。そしてこの宣言通りに、抑圧されている人類の半分の解放を訴える著作の執筆に入る。現在では、女性解放論や男女同権論の古典とも評される『第二の性』である。

IV　女性解放論の記念碑——『第二の性』

自由な女性と女性の自由

「私は自分が女であることで苦しんだことはありません」。ボーヴォワールは晩年のインタビューでそう語っている。彼女は若くして教職につき、経済的な自立を獲得し、そして作家となった。婚姻関係ではなく、対等で自由なパートナーシップをサルトルと結んだ。すなわち、一九四九年に出版されると爆発的な反響を呼び、その後も女性解放運動のバイブルであり続けた『第二の性』の生みの親は、世間一般的な家庭に縛り付けられる女性の日常からも、男性による女性の支配からも遠い場所にいたのだ。だが、自らが当時としては数少ない自由な女性であったからこそ、女性の自由を誰よりも訴えねばならない立場にあると自覚していたのかもしれない。あるいは、「自己が自由であることを欲するということは、ほかの人びとが自由であることを欲することでもある」という両義性のモラルを、ボーヴォワールは

『第二の性』の執筆と出版を通じて自ら実践したとも言えよう。

同書は二巻構成の浩瀚《こうかん》な著作である。第一巻では、生物学、精神分析学、歴史学、人類学などの膨大な資料を横断しながら、原始社会から現代までの女性の姿が丹念に分析される。その後、近現代の五名の男性作家たちがピックアップされ、彼らの作品に見られる女性像や女性神話が考察される。第二巻では、幼年期から始まり、性の芽生え、結婚、家事や育児を経て更年期にいたるまでの、現代の女性が置かれている具体的な状況が細密に描かれる。その後、女性の自由と自立を呼びかける最終部が来る。大著『第二の性』を網羅的に紹介するのは不可能だが、自由や他者といったこれまで見てきたボーヴォワール哲学の鍵概念に基づき、第一巻と第二巻の主要な議論を眺めよう。

なお、『第二の性』は大部の著作にもかかわらず、フランスでの初版のわずか四年後に邦訳が出ており、新時代の女性論として日本でも話題となった。ただし、この日本語版では原書の第一巻と第二巻の順序が逆にされているなど、原典に完全に忠実な翻訳であったとは言い難い。こうした点を踏まえて、「『第二の性』を原文で読み直す会」のメンバーによる新訳が一九九七年に上梓《じょうし》された。二〇二三年には文庫化もされており、これから『第二の性』を翻訳で読むのであれば、旧版ではなくこちらの「決定版」をお勧めしたい。

超越と内在

「男と女が世界を平等に分かち合ったことは一度もない」とボーヴォワールは明言する。男性中心主義的な世界で、女性が二次的な存在とみなされ続けてきたことは、言語にも象徴的に現れているという。たとえば、フランス語の名詞は男性名詞と女性名詞に分けられているが、人間を意味する名詞 homme は男性名詞だ。homme には男という意味もある。したがって、「人間」と言えば第一には「男」を指し、「女（femme）」は男という「本質的なものに対する非本質的なもの」すなわち「第二の性」である。

同じ人間なのに男女のこうした序列はどのように生み出されたのか。それは、自然的または生物学的な根拠に基づくものなのか。そもそも女性とは何か。これらの問いに答えるべく、『第二の性』の第一巻では、男女の性の優劣が歴史と文化のなかで作り上げられていった経緯が、実存主義的な観点から仔細に分析される。まずは「序文」の一節を読んでみよう。

私たちが採用する観点は、実存主義のモラルの観点である。すべての主体は、さまざまな投企を通して具体的に自分を超越として立てる。すべての主体は、新たな自由に向かって絶えず自分を乗り越えることによってはじめて、自由を実現する。果てしなく開かれた未来へ向けての発展こそが、現に生きている実存を正当なものにするのだ。

人間とは「投企」であり「超越」であり「自由」である。実存主義の心臓部とも言える人間観は『第二の性』でも健在だ。すなわち、人間は新たな目的を主体的に企て、その実現に向けて自らを未来に投げる（投企する）ことで、それまでの自分を乗り越えて（超越して）、新たな自己を絶えず創造していく。そこにこそ人間の自由があるのだし、自由とはあらゆる道徳的価値の源泉でもあるのだから、何としても守られねばならない。しかしながら、こうした自由を実現してきたのは、人間のなかでも男という第一の性に属する者たちであり、第二の性に属する者たちの事情は昔もいまも異なっているとボーヴォワールは指摘する。

たとえば、大昔の原始的な男女の共同体でも、さまざまな道具を生み出し、狩猟や漁猟を企て、身体的な制限を乗り越えて、自然世界のあちこちに進出したのは女性ではなく男性だった。要するに、男は歴史の始まりの段階ですでに、投企と超越と自由に特徴づけられる「実存者としての自己を実現」した。その一方で、生命を「産む性」として、「女は母になることで、動物と同じように自分の身体に釘づけにされてきた」。では、女性は歴史のどの段階で、自由な主体としての自己を確立したのか。実は、二〇世紀半ばの現在でも「女は、本来的に自分を〈主体〉として立てようとはしない」とボーヴォワールは述べる。その理由を探るために、今度は『第二の性』第二巻の一節を読んでみよう。

野心的であろうが、だらしなかろうが、臆病であろうが、少年が飛び出して行くのは開かれた未来に向かってである。彼は船乗りにでも技師にでもなるだろう。田舎に残るか、都市に出ていくだろう。世界を見るだろうし、金持ちにもなるだろう。予測できない可能性が待ち受けている未来を前にして、少年は自分を自由だと感じる。女の子は妻になり、母になり、祖母になるだろう。彼女は自分の母親がしたのと同じように、自分の家を持ち、自分がしてもらったように、子どもの世話をするだろう。一二歳で、女の子の一生はすでに決められている。

男の子は小さい頃から将来の自分を自由に思い描いては、その実現に向けて、これまでの自分を不断に乗り越えていく。すなわち原始社会以来、男が「超越」を体現しているのに対し、女の子は、男にとって魅力的な「生きたお人形」のように振舞うことがまずは求められる。その後は、妻になり母になり祖母になり、夫に子どもに孫に献身すべきだという暗黙の要請が(当時の)社会には厳然と存在している。結果として男と異なり、女は年代ごとに明確に定められた役割のなかに自らを封じ込めることを、すなわち「内在」を余儀なくされる。要するに「社会集団の未来の建設に協力して社会に一つの未来を切り開く」のも、「超越を体現するのも男である」のに対し、原始社会から現代社会にいたるまで、「女は種の保存と家庭の維持に、すなわち内在に運命づけられている」のだ。

「永遠の女性的なもの」？

こうした議論を踏まえつつ、今度は第二巻の第一部冒頭を飾る有名な一節を読んでみたい。

　人は女に生まれるのではない、女になるのだ。社会においては人間の雌がとっている形態を定めているのは生理的宿命、心理的宿命、経済的宿命のどれでもない。文明全体が、男と去勢者の中間物、つまり女と呼ばれているものを作りあげるのである。

「人は女に生まれるのではない、女になるのだ」。よく知られたこのフレーズは、同様に有名なサルトルの名言「実存は本質に先立つ」を、女性の立場から裁ち直したものだと言える。人間にはあらかじめ定められた本質や本性は存在しない。だから、人間とはなにかという問いの答えは、あくまで自分がどのように行動し、自分を作り上げたかで決まる、とサルトルは言い切る。

だが、女とはなにかという問いの答えも同様であろうか。というのも、すでに見たように、女性は幼少期から高齢期にいたるまで、男性中心主義的な社会や文明にとって都合のよいように作られた「女らしさ」の基準に従って生きなければならないからだ。妻になり、母になり、祖母になり、夫を助け、子どもを産んで育てて、孫の面倒を見るのが、いつの時代も変わらぬ女の幸福であり美徳である……自らの主体的な自由によってではなく、こうした「永遠の女性的なもの」への服従を通じて、人は「女になるのだ」、とボーヴォワールは端的に指摘する。

とはいえ、この種の紋切り型の女らしさなるものは、先天的に定められた本質でもなければ、「生理的宿命」でも「心理的宿命」でもない。あくまで、社会や文明によってこしらえられた「虚偽のシステム」なのだから、それを自覚し、そこから解き放たれない限り、女性の自由は来ない。以上のように主張する『第二の性』は、生物学的な性別（セックス）と社会的に構築された性別（ジェンダー）の区別の基礎を築いた著作であるとも、複数の論者が指摘している。

かくして、社会的な改革を通じての女性の解放をボーヴォワールは呼びかける。たとえば、女性にも男性と同等の教育や雇用の機会が与えられ、経済的自立のチャンスが促されるのであれば、女性は「非本質的な」存在として本質的な存在である男性に依存せずともよくなる。自由な主体として自らの未来を切り拓けるだろう。ただし、社会的な改革が必要にせよ、それだけでは不十分であり、そこで要請されるべきは、互いに自由な男女の関係なのだと説く『第二の性』の結論部分に注目したい。

> 女を解放することは、男との関係を否定することではなく、女をその関係のなかに閉じ込めないようにすることである。女が自分のために存在するようになるにしても、女は、同じように、男のためにも存在するようになるだろう。お互いが主体として認め合っても、それぞれは相手にとって他者であり続けるだろう。〔……〕人類の半分の隷属状態とそれにともなう虚偽のシステム全体が廃止されれば、人類の「区分」はその本当の意味付けを明らかにするだろうし、人間のカップルはその本当の姿を見つけるだろう。

　まずは、ボーヴォワールの他者論や自由論の基調をなす、明晰な寛大性に基づく相互承認を思い出そう。「自己が自由であることを欲するということは、ほかの人びとが自由であることを欲することでもある」し、「個人の自由は、他者の自由を通してしか、実現されえない」。すなわち、女性が自らの自由を実現するためには、男性もまた女性を自由な主体として承認する必要があるし、逆もまた然りなのだ。

　たとえば、良妻賢母となり家庭に縛りつけられるのが、必ずしも唯一の女の本質ではないと女性が認識し、そうした女性の自由を男性も自由にあるいは寛大に承認すれば、女性はステレオタイプな女らしさへの従属や呪縛から真に解放されるだろう（女性が「自分のために」そして「同じように、男のためにも」、社会の第一線で自在に活躍しても差し支えないのである）。あるいは男性もまた、常に身を粉にして働き、立身出世にはげみ、一家の大黒柱として妻子を養うのが、必ずしも唯一の男の本質ではないと認識し、そうした男性の自由を女性も自由にあるいは寛大に承認すれば、男性もまた紋切り型の家父長的な男らしさへの従属や呪縛から真に解放されるだろう（男性が「自分のために」そして「同じように」女性のためにも、家事や育児を自在にこなしても差し支えないのである）。

結局のところ、男女ともに自由な「人間のカップルはその本当の姿を見つけるだろう」と記す『第二の性』は、旧弊な社会規範に縛られた女性のみならず男性に向けてもまた、解放の福音を告げようとしたのだと言えよう。

先駆的著作の現在は？

しかしながら、あるいはだからこそ『第二の性』は出版されるやいなや賞賛のみならず怒《ど》濤《とう》の批判にもさらされた。家父長制の権威が根強く残り、女性の参政権がようやく認められたばかりの当時のフランスでは、女性の社会進出や経済的自立などは論外といった状況にあったのだ。その状況下で、女性の自由のみならず、性や性愛についても誠実かつ赤裸々に語り、堕胎やレズビアニズムといった（当時の）タブーにも言及したボーヴォワールは、一躍スキャンダラスな作家となった。彼女は『第二の性』の出版当時をこう振り返っている。

万事につけて私は非難された。なにもかも！　まずは、卑猥だというのだ。〔……〕私が受け取った手紙は、差出人の名があるもの、あるいは匿名のもの、短いもの、長いもの、批判、叱責、勧告とさまざまであったが、たとえば、それらは〈第一の性の活動的なメンバーたち〉が私に送り付けたものだった。欲求不満、不感症、色魔、淫猥、レズビアン、堕胎常習者、私はそれらすべてなのであり、隠し子を持つ母だとも言われた。

「第一の性」に属する読者による事実無根で幼稚な中傷のみならず、数名の男性作家たちからも苦情や批判が寄せられた。たとえば、当時の友人であり、長身美男の伊達男でもあったカミュは、ボーヴォワールの回想によると、「女に対して男と差別をつけた平等しか認めなかった」ので、「フランスの男性を茶化したと不機嫌な調子で」非難してきたそうである。あるいは、カトリック作家であり、一九五二年にノーベル文学賞を受賞したフランソワ・モーリアックは、「文字通りけがらわしさの限界を超えている」と、『フィガロ』誌にて『第二の性』を酷評した。なお、カトリック教会は同書を危険視して、禁書目録に加えた。『第二の性』が巻き起こした、こんにちでは想像もつかないスキャンダルは、同書がどれだけ時代を先取りしていたかを雄弁に物語っている。事実、各国語に翻訳され、国内外で反響を呼び、その後は、現代フェミニズム理論の基礎を作った記念碑的な著作と評されるようになった。

ちなみに、『第二の性』出版時のボーヴォワールは、社会主義的な改革が実現されれば、女性の解放もおのずから果たされるだろうという立場から、「私はフェミニストではない」と公言していた。だが、それから二〇年以上ののちに、「マルクスが夢見たように人間を変革する社会主義はどこにも実現されなかった」ことを確認した彼女は、社会主義的な改革の必要性を引き続き訴えつつも、フランスで高まりを見せていたフェミニズム運動にも積極的に参加した。

女性の〈永遠にして唯一の〉本質は存在しないと語る『第二の性』は、その後の急進的な女性解放運動の活動家や理論家たちからの批判もこうむった（たとえば、実存主義ではなく精神分析学的見地に基づき、女性のアイデンティティを深く掘り下げて肯定しようとする陣営からの批判）。とはいえ、同書が女性の自由と解放のために戦う人びとの必読書であり続けたのは間違いない。著者自身も、「結局のところ、これは私の書いたすべての本のなかで、もっとも強固な充足感を私に与えたものだろう」と振り返っている。

確かに『第二の性』で描かれた女性の状況のいくつか——たとえば「一二歳で、女の子の一生はすでに決められている」という状況——は、多くの国ではもはや当てはまらない。だが、男女同権や女性の社会進出が十分に実現されていない国や地域では、同書は現代的な意義をいまなお持っている（あるいは、いまなお革命的で危険な著作であり続けている）。

かくして、哲学者、批評家のジュリア・クリステヴァは、ボーヴォワールの生誕百周年を記念して、二〇〇八年に「女性の自由のためのシモーヌ・ド・ボーヴォワール賞」を設立した。同賞は女性の自由や権利の擁護および促進に大きく貢献した個人や団体に贈られている。第一回目の受賞者は、イスラム原理主義による女性の抑圧を批判したバングラデシュ出身の作家、活動家であるタスリマ・ナスリン。そして、イスラム世界での女性の扱いや地位の低さを告発し、差別や抑圧からの解放を唱えたソマリア生まれのオランダ系アメリカ人の活動家、作家、元政治家のアヤーン・ヒルシ・アリの二名であった。

二一世紀の世界でも『第二の性』は決して古びていない。こんにちの日本でもそうかもしれない。世界経済フォーラムが発表した二〇二三年のジェンダーギャップ指数（各国の男女の平等を示す指標）が、調査対象となった一四六ヵ国中で一二五位と過去最低の順位に低迷し、たとえば他の先進国と比べると管理職に占める女性の割合がきわめて低く、政治の領域での女性の進出も遅れている日本にあって、『第二の性』は——とりわけ次のようなボーヴォワールの確信は——いまなお少しも色あせていない。「確かなことは、これまで女の可能性はふさがれていて、それが人類にとって損失となっていたこと、そして、いまこそ、女自身のために、みんなのために、女にあらゆる可能性を自由に追求させる時である、ということなのだ」。

第4章　世界と歴史へのまなざし――メルロ＝ポンティ

I　現象学の継承と展開

「真の哲学とは……」

メルロ＝ポンティは、二〇世紀フランスを代表する哲学者の一人である。『知覚の現象学』、『見えるものと見えないもの』などの著作のタイトルが告げるように、知覚ないし見ることの本質を根底から考え直した哲学者でもある。「真の哲学とは世界を見ることを改めて学ぶこと」との言葉も残している。エトムント・フッサールが創始した現象学を、実り豊かな仕方で継承・展開したことでも名高い。「もっとも偉大なフランスの現象学者の一人」、メルロ＝ポンティをそう評したのは、一九三〇年代から二一世紀初頭まで、驚異的な博識を武器に仕事を続けた哲学者ポール・リクールであった。

メルロ＝ポンティの関心や考察の対象は、狭義の哲学や現象学に留まらず、心理学（とりわけゲシュタルト心理学）、生理学、精神医学、精神分析、児童心理学、歴史学、言語学、政治学、社会学、文化人類学などにまで広く深く及んだ。多岐にわたる学術知を汲みあげ徹底的に吟味しながら、自らの思想を絶えず鍛え上げていった彼の著作は、未完のものも含めていずれも豊かな含蓄と深い示唆に富んでいる。その綿密にして膨大な知の全貌を紹介しようとすれば、一冊の本でも足りない。そこで本章では、主著『知覚の現象学』を中心にその一端に触れる。

メルロ＝ポンティは、総合誌『現代』をサルトルらとともに創刊し、同誌の政治部門の責任者のみならず、一時期は実質的な編集長も務めていた。サルトルによれば、彼は「私のガイド」だった。その来歴と仕事をまずはスケッチ風に記してみよう。

「比類のない幼少期」

モーリス・ジャン・ジャック・メルロ＝ポンティは、一九〇八年三月一四日、フランス南西部の軍港の町、ロシュフォール＝シュル＝メールに生まれた。サルトルは彼の三歳年上、カミュは五歳年下に当たり、ボーヴォワールは同年の生まれである。一家はやがてパリに転居するが、軍人であった父は彼が五歳のときに亡くなっている。

メルロ＝ポンティ（1908～61）
Roger-Viollet/アフロ

なお、自伝的小説や回想録を刊行したサルトルとボーヴォワールや、自らの出自をモチーフにしたエッセイ（『裏と表』）や小説（『最初の人間』）を書いたカミュとは異なり、メルロ＝ポンティは自らの来歴をほとんど語らなかった。したがって、彼の幼少期についても、親しい友人に打ち明けた話から断片的に窺い知るしかないが、たとえばサルトルはこのような興味深い証言を残している。「メルロは、一九四七年のある日、自分は比類のない幼少期からついに癒えることはなかったと私に告げたことがある。彼はもっとも心親しい幸福を味わったのであり、そこから年齢を重ねても追い立てられることはなかった」。

幼少期という人生の始原の時代への強い愛着は、世界と身体との始原的な結びつきを遡及的に探究する『知覚の現象学』にも何らかの影響を及ぼしたのかもしれない。いずれにせよ、サルトルやカミュ同様、父親不在のなかで成長したものの、残された母親や兄妹ときわめて親密な絆で結ばれながら、幸福な幼少期を過ごしたようである。

一九二六年にパリの高等師範学校に入学し、サルトルやボーヴォワールらと出会う。入学当初から哲学を生涯の仕事と定め、三〇年七月には難関で知られる哲学の教授資格試験に二二歳の若さで合格している。同年一〇月から一年間兵役についたのち、パリ北部の地方都市ボーヴェの高等中学校《リセ》に哲学教師として着任。三五年からは、母校である高等師範学校の復習教師《カイマン》（補習授業や教授資格試験の準備の指導を担当）を四年間務める。三八年に哲学書『行動の構造』を書き上げると（戦争の影響で出版は四年後の四二年）、以降は、現象学の研究に本格的に取り組み、ベルギーの地方都市ルーヴァンに保管されていたフッサールの未完草稿の閲覧にも出かけている。

哲学と言論活動

第二次世界大戦が勃発すると陸軍に配属され、フランスの敗北による除隊後はパリのリセの哲学教師となる。一九四一年には再会したサルトルやボーヴォワールらとともに対独抵抗組織「社会主義と自由」を結成。抵抗を訴えるビラの配布などをおこなうが、サルトルの回想によれば、この知識人たちの集団は「一年後には、何をしてよいのかわからずに死んでしまった」。

四五年には、主著として名高い『知覚の現象学』を出版。同書と『行動の構造』によって博士号を取得、同年一〇月にリヨン大学の専任講師に就任する。サルトルらと協力して総合誌『現代』を創刊したのもこの年だ。メルロ＝ポンティは同誌の政治部門の指導者として論考を発表し、ラジオ番組にも出演するなど、学術的な研究活動と並行して言論活動も積極的におこなう。とりわけ、四七年に出版された『ヒューマニズムとテロル』は、政治には暴力が常にともなうというその論旨から、賛否両論の大きな反響を呼び起こした。

一九四九年にはパリ大学文学部（ソルボンヌ）の教授に就任。五二年には、フランス最高峰の学術的水準を誇り、誰もが自由に講義を聴講できる開放性でも知られるパリのコレージュ・ド・フランスの教授に就任。アカデミックなキャリアの最高峰にまで上りつめるが、その前後から主として政治的見解をめぐってサルトルとの溝が深まっていく。結果、自らも創刊にたずさわった『現代』誌を五三年に辞している。この年は、幸福な幼年時代の中心にいた母親を失うという不幸にも見舞われ、当時の彼は、ボーヴォワールに向かって次のように打ち明けたとされる。「僕は半分以上死んでしまったよ」。

もっとも、思索と執筆は失意を超えて続けられた。一九五四年からは、『レクスプレス』誌を舞台に政治評論を再開。五五年には、マルクス主義の分析と長大なサルトル批判から構成される『弁証法の冒険』を刊行。六〇年には、言語哲学や構造の概念についてそれまで書かれた複数の論文をまとめた『シーニュ』を出版している。

まだ働き盛りであった彼の仕事が心臓麻痺によって唐突に断ち切られたのは、六一年五月三日のことだった。享年五三、その突然の死は各方面に衝撃を与えた。たとえば、ボーヴォワールは、「私は無力のまま、歴史、時間、死といった異質の諸力の活動に立ち会っているだけだった」と当時を偲《しの》んでいる。サルトルは、『現代』誌のメルロ＝ポンティ特集号に長大な回想録を掲載し、長年の友人であり好敵手の死を心から悼《いた》んだ。文化人類学者クロード・レヴィ＝ストロースは、六二年に出版した『野生の思考』を「メルロ＝ポンティの思い出に」捧げた。死後、遺稿の編纂が進められ、六四年には『見えるものと見えないもの』が、六九年には『世界の散文』が出版された。

メルロ＝ポンティと文学

哲学と文学を股にかけての執筆活動を展開したサルトル、カミュ、ボーヴォワールとは異なり、メルロ＝ポンティは小説や戯曲などの文学創造には向かわなかった。もっとも、この哲学者が芸術や文学に無関心だったと決めつければ、それは事実に大きく反してしまう。絵画を中心に複数の芸術論を残し、ボーヴォワールの小説『招かれた女』の評論も書いている。サルトルの評論『文学とは何か』に触発され、『世界の散文』というタイトルのもと、自らの言語論、芸術論および文学論を包括的に記す計画も持っていた。

さらには、その哲学的思想にも、ポール・クローデル（詩人、劇作家）、ポール・ヴァレリー（詩人、批評家）、マルセル・プルースト（小説家）などの著作から得たさまざまな着想が随所に反映されている。そもそも、メルロ＝ポンティにとって、哲学書の執筆と文学創造は必ずしも相反するものではなく、ある意味では重なり合うものだったとも推測される。この点は、『知覚の現象学』と、大きな話題を呼んだ政治評論『ヒューマニズムとテロル』を眺めた後に、改めて検証してみよう。

II　身体の哲学――『知覚の現象学』

「完全な還元というものは不可能である」

メルロ＝ポンティの思想を紹介するならば、主著『知覚の現象学』に触れぬわけにはいかない。タイトルが示すように、現象学的なアプローチに基づく人間の知覚の問い直しが、この浩瀚な著作の目的の一つである。それでは現象学とはなにか。その全容を記すという無謀な試みは避けるとしても、現象学の基盤を成す方法的態度である「還元」ないし「現象学的還元」について、要点のみ眺めてみよう。

現象学の創始者フッサールによれば、私たちは普段、事物や世界が私たちの意識とは独立して存在していると素朴に考えているという。こうした「自然的態度」を、言い換えれば私たちが慣れ親しんでいる世界に対する一切の先入見をいったん排除して、事物や世界の存在を「括弧《かっこ》に入れる」のが現象学的還元である（この手続きは「判断停止《エポケー》」と呼ばれる）。では、素朴な偏見としての世界が遮断された結果、なにが得られるのか。現象学的還元の「残余」として、「純粋意識」なるものの領域が残る、とフッサールは語る。そして、純粋意識のなかで個々の事物がどのように現れ、ひいてはどのように世界が構成されていくかを現象学は厳密に記述し、跡づけ、考察すべきだとする。

とはいえ、フッサール現象学の根幹をなす還元を、メルロ＝ポンティは『知覚の現象学』の序文にて、「還元のもっとも偉大な教えは、完全な還元というものは不可能であるということだ」と明記している。こうした指摘は、彼が現象学をその限界まで導いていったとも評されるゆえんでもあるのだが、なぜ不可能なのか。先回りの形で端的に答えるのならば、人間は、とりわけその身体は常に世界に深く根付きながら存在している。人間とは「世界に委ねられた一つの主体」ないし「世界内存在」である以上、還元の手続きを何度繰り返しても、世界との緊密な結びつきを完全に断ち切ることはできない。世界の手前、あるいはどこでもない場所にまで退いて、そこから世界を対象とするような純粋意識にまで後退することも不可能だ。

かといって、現象学的アプローチが完全に無効というわけではない。というのも、メルロ＝ポンティにおける現象学的還元とは、「私たちを世界に結び付けている志向性の糸」を切断するのではなく、一時的にゆるめることを意味する。その結果、普段は自明であるがゆえにかえって気づくことのない、世界との緊密な結びつきのもとに営まれている私たちの生の一端が、束の間であるが見えてくるのだ。そして、まずはそれを「記述することが肝心なのであって、説明したり、分析したりすることではない」ともメルロ＝ポンティは述べる。

『知覚の現象学』は、知覚ないし見ることを徹底的に問い直しながら、知覚の主体は純粋意識ではなく身体であることを、そしてそれが何を意味するのかを順次解明していく。とはいえ、その論証の道筋は微に入り細を穿《うが》つかのような、長く複雑で難解なものである。そこで、ごく基本的なエッセンスのみをいくつか拾いあげよう。

現象学の創始者フッサール
（1859～1938）

世界に対する視点と身体

私たちが何らかの事物を目にするときには、その周囲の事物もぼんやりとだが視野におさめている。たとえば、本のなかの一つの文章を目で追う際にも、私たちの視覚はその前後の文章やページの余白なども漠然とした形でだが、捉えている。あるいは、夜空に浮かぶ満月を眺めるときも、満月のみならず、その周辺に広がる漆黒の空や雲や星々なども、目の端で拾いあげている。

すなわち、視覚的な構造としては、夜空という背景ないし「地」の上に、満月という「図」が浮かびあがると言えるのだが、メルロ＝ポンティは、こうした「一つの地の上の一つの図というのが私たちの手に入るもっとも単純な感性データ」であり、「知覚される「あるもの」はいつでもほかのもののさなかにある」と述べる（ここにはゲシュタルト心理学の理論が反映されているのだが、紙幅の関係上、同理論に詳しく触れる余裕はないので割愛したい）。

要するに、一個の事物（満月）のみならず、その周囲の事物（夜空）も常に背景に含みながら、図（満月）と地（夜空）をともなう形で、現実の風景や世界は私たちに知覚される。したがって、世界は一挙にその全貌を現わすのではなく、図と地の移行や交替を通じて漸次的に開けてくる。たとえば、現在眺めている満月から、その下方にたたずむ山々のほうに視線を動かすならば、満月や夜空は背景ないし地のなかに退き、それらをバックにして今度は月明かりに照らされた山々が図として浮かびあがる。山々からその手前に位置する家々に目を転じるならば、今度は山々が地のなかに退き、それらを背景にして家々の静かな明かりが図として現れる。メルロ＝ポンティによれば、このように知覚対象が「地の上の図」という形で常に私たちにもたらされることは、「まさに知覚的現象の定義にほかならないものであって、この条件がそろわなければ、いかなる現象も知覚とはいわれないのである」。

また、知覚対象は「地の上の図」という形で現れるのみならず、一定の角度から眺められた「射影（profil）」を通じて、部分的ないし断片的な形でしか現れない。サイコロのような正六面体をどの角度から眺めても、いくつかの側面は見えるものの、見えない面がかならず含まれている。あるいは書店で一冊の本を手にするとき。まずは表紙をじっくり眺める人の眼には、当然ながら裏表紙は映らず、背表紙がぎりぎり視角に入っていても、それは後景に（「図」ではなく「地」に）退いている。即座に本を開いて目次をたどる人の眼には、表紙も背表紙も裏表紙も映らない。すなわち、大小問わずどんな事物であれ、その全体像を一挙に見渡せず、その側面ないし「射影」を通じてのみ知覚されると言えよう（なお「射影」とは現象学の術語なのだが、それに当たるフランス語名詞 profil には、横顔や側面などの意味がある）。

このことは、事物や世界に対する私たちの知覚や認識は、常に断片的で不完全であらざるを得ないと告げているのだろうか。ある意味ではそうである。遠くの山々を眺めているときは、その背後の風景はまったく見えないし、その周囲の風景もぼんやりとしか映らない。だが、実際にかなたの山々に近づいていけば、それまで見えなかった未知の風景が少しずつ視界に開けてくることを私たちは知っている。同様に、複数の「射影」を通じて知覚される世界のさまざまな横顔を統合することで、世界の相貌は少しずつ開示されるだろう。いみじくも、自然世界との調和を謳《うた》った抒情的エッセイ『結婚』のなかで、カミュがこう記しているように。「いままで人間は世界をその正面から見ていた。今度はその「横顔（profil）」を眺めるために、一歩横に動かねばならない」。

このように、人間の知覚現象はかならず地の上の図という構図を持ち、あらゆる事物は射影を通じて断片的な姿でしか現れない。では、それはなぜか。人間はみずからの身体が位置する場所からでしか、それも特定の角度と距離をとりながらでしか、世界を眺められないというのがその答えだろう。もしも、神のように天上から、あるいはどこでもない場所から、世界をくまなく見渡せるのならば、断片的な射影を通じてではなく、世界の全貌が瞬時に知覚できるかもしれない。その際には、ぼんやりとした背景ないし地の部分は存在せず、世界のすべてが図として現れるのかもしれない。だが、人間の知覚はこうした神の知覚とは明らかに異なる。遠くに見える山々の背後が見えないのも、そもそも遠くに見えるのも、現在、私の身体が山々のはるか手前の場所に位置しており、そこから世界を眺め、世界に臨んでいるからにほかならない。

こうして、「私の身体とは世界に対する視点を私に抱かせる」ものに違いないことが、まずは確認される。そのうえで、身体とは世界の知覚に際し重要な定点的役割を担うのみならず、私ないし自己意識の下にあるもう一つの主体であるのだ、とメルロ＝ポンティは論を進めていく。

「身体図式」とは何か

改めて振り返ると、私たちの日常生活の多くの場面は、意識的に考えたり、判断したりするまでもなく、いわば体が勝手に動くかのような習慣的な営みに支えられているとわかる。最寄り駅まで歩く際には、その道筋をいちいち頭に思い浮かべずとも、足が自然にいつものコースを辿っていく。赤信号ではおのずから足がとまる。歩道のない狭い道路を歩いていて、トラックが猛スピードで正面から向かってきたら、考えるよりも先に体は道の端へと飛びのく。こうした当たり前であるがために、逆に意識されにくい日々の身体的な営みや習慣に対して、『知覚の現象学』は深く洞察に富んだまなざしを向ける。「身体図式（schéma corporel）」をめぐる有名な考察もその一つである。

身体図式とは、もともとは心理学や生理学の領域で用いられていた術語であり、自分の身体の位置や身体を動かす際の姿勢などについての暗黙の理解や了解を指すという。たとえば、ドアを開けて自室に入るときには、ドアノブと手のあいだの正確な距離や位置関係をいちいち視認せずとも、手をドアノブへと伸ばし、それを回し、押して、部屋へ入るといった一連の動作を私たちはよどみなく行える。あるいは、暗闇のなかでも、私たちは自分の右手や左手がどこにあるのかを確認するまでもなく、右手で左手にさっと触れたり、左手で右手をつかんだりもできる。このように、身体図式とは自分の身体の部位や動かし方についての暗黙の知であり、この潜在的な知を持っているおかげで、私たちは特段意識を張り巡らせずとも、その都度さまざまな姿勢をとりながら運動や動作を遂行できるのだと考えられる。

また、新たな運動や動作を習慣として身につけることは、「身体図式の組み替えと更新」によって説明されるとメルロ＝ポンティは記す。はじめて自転車に乗るときには、自分の手や足の位置などを目で確認して、手足の動かし方を逐一意識しながら、ぎこちなくこぎださねばならない。だが、練習を重ね、慣れてくるにつれて、手足の位置や動かし方を意識する回数は減少する。自転車に乗ることを習慣として身につければ、それこそ何も考えずに目をつぶって走ることもできる（もちろん危険なので真似してはならないが）。すなわち、暗闇でも自分の四肢の位置を自然に把握して動かすような仕方で、最終的には自転車を運転できるようになるが、これは、新たな身体図式の獲得や更新を意味しているだろう。

したがって、身体ないし身体図式とは、メルロ＝ポンティによれば一つの「体系《システム》」にほかならない。そこには、これまで営まれてきた無数の運動や動作が、「客観的な名称では言い表せない」ものの、暗黙の経験的な行動知として蓄積されており、身体図式もそれに応じて組み替えられ更新されていくのだ。いや、更新のみならず保存も復元もされる、数年のブランクの後に自転車に乗っても、ほどなくして身体は適切な動作を思い出し、かつてのように風を切って駆け出していくのだから。こうなると、確かに私の身体は主体的な私の意識とは区別されるものの、思考や知の営みとは無縁な純粋なる物体とみなすことも難しい。かくして、身体とはいわばもう一人の私であるとともに（「私とは私の身体である」とも述べられる）、匿名の誰かでもあるのだと『知覚の現象学』では論じられるのだが、この点を次いで追いかけていこう。

もう一つの主体

これまた自明極まるがゆえに普段はかえりみられないものの、私たちの身体は不眠不休で活動を続けている。寝ているときにも心臓は止まらず鼓動し、肺では呼吸による酸素と二酸化炭素の交換が絶えずなされている。物心がついて、自己意識ないし「私」という人格的意識が芽生えるはるか以前から、身体は知覚や運動にかかわる仕事のみならず、こうした生命維持にかかわる仕事を黙々とこなし、今後も続けていくだろう。それを踏まえた上で、身体とは、「私」という人称的意識の下に古くから存在し続けている、もう一つの主体であると述べる一節を読んでみよう。

〔……〕私の歴史はある前史の続きであって、その既得の成果を利用し、私の人格的実存は、前人称的な伝承の継承でなくてはならない。したがって、私の下に別の一つの主体があるわけであり、私の現存に先立って、この主体に対して世界が存在し、この主体は私の居場所を示してもいたのである。この世界に囚われた精神、もしくは自然的な精神こそ、私の身体なのである〔……〕。

私という人称的意識が芽生え、「私の歴史」がはじまる以前の幼少期ないし「前史」でも、実は、私の身体はすでにこの世界に根をおろしており、周囲のさまざまな事物や音を目で眺め、耳で聞いていたはずである。人称的な私や自己意識の登場に先立って、世界との関係を取り結んでいた身体を、「前人称的」あるいは「非人称的」な次元にあるもう一つの主体とメルロ＝ポンティがみなすのは、まずはこうした理由によるものだ。

さらには、私という人称的意識や自我、理性などが登場して、「私の歴史」が始まってからも、前史における身体と世界との結びつきは、「ただ単に私の生涯のはじめに生ずる」というだけではなく、「その後のあらゆる空間知覚にその意味を与え」つつ、「絶えず更新され」ながら、存続するともメルロ＝ポンティは記す。つまりは、物心がついて自我が確立されてからもなお、身体は始原の時代と同様に、されど、私たちの意識とは別の次元で絶えず世界と交流し、世界を知覚し続けているのだ。

たとえば、街を歩けば行き交う人びとの姿が目に入るし、車の音も耳に入ってくる。だが、普段私たちはこうした雑踏の光景や音を意識的に注視し、傾聴しているわけでもない。それでも多くの場合、私たちにはいつも何かが見えているし、何かが聞こえている。いったいなぜか。それは究極的には、私たちのうちに存在する匿名のとある誰かが、非人称的で一般的な「人《ひと》（On）」とでも呼ぶしかない存在が、飽くことなく何かを眺め、何かに耳を傾けているためのようにも思えてくる。「知覚は常に「人《ひと》（On）」という様態において存在する」とも端的に述べられているように、この非人称的で匿名で謎めいた人物こそが、メルロ＝ポンティによれば、知覚の担い手であり、私のもう一つの主体である身体にほかならないというわけだ。

ここまで紹介してきたのは『知覚の現象学』の知覚論や身体論のごく一部に過ぎないが、いったいこれはどのような哲学なのかと疑問が芽生えるかもしれない。また、本書は現代の哲学に大きな影響を与えたとも評されているが、どのあたりが画期的だったのか。そのすべてに言及するのは不可能だが、たとえば多くの哲学者を悩ませてきた心身二元論に対して新たな視座を切り拓いた点が挙げられよう。

近代哲学の礎を築いたデカルトは、あらゆる実体を、物理的な延長ないしひろがりを持つもの（すなわち物体）と、持たないものとに二分したうえで、人間の身体を前者に、精神を後者に属するものとみなした。すると人間とは、物理的なひろがりを持たず考えることを本質とする精神と、物理法則に従って作用ないし運動する物体にほかならない身体といった、互いに独立していて、相容れないはずの二つの実体の不可思議な混合物となってしまう。

こうした伝統的な心身二元論の根底を崩す形で、身体は単なる物体でもなければ、純粋な精神や意識でもない、いわば両義的なものだとメルロ＝ポンティは考える。というのも、身体とは常に世界に根付き、世界を知覚する非人称的なもう一つの主体であり（身体とは純粋な精神ではないが、「世界に囚われた精神」だともニュアンスを込めて述べられる）、知覚や運動を通じて獲得した習慣を暗黙の知として備えてもいる。一度身につけたキーボードのブラインドタッチや自転車の乗り方は、文字通り頭ではなく体が覚えているが、身体を純粋な物体とみなすのならば、こうした身近な習慣的行為ですらも上手く説明するのは難しい。はたして、人間の意識的で主体的な生の水面下には、知覚と運動の担い手である身体による無言の営みの層があることを、『知覚の現象学』は委曲を尽くして検証したのだった。

あるいは、同時代の思想と比べてみると、サルトル、ボーヴォワール、カミュと同様にメルロ＝ポンティもまた、人間が現実に存在している様相を、すなわち実存を探究したと言えるかもしれない。それも、彼らよりもさらに深い次元でだ。サルトルとボーヴォワールは、世界のなかで本質を持たずに実存している人間が、新たな目的や実現すべき自己を自由に選択しながら、未来や世界に臨むといった実存主義を提唱した。カミュは、世界と人間精神とのあいだにある根源的な対立を不条理と呼び、それを起点に世界への意識的反抗を唱えた。メルロ＝ポンティは、自己意識が芽生える以前から、さらにはそれ以降もずっと、人間の身体が非人称的な主体として、世界と密接に関わりながら存在しているとみなす。その上で、人間の主体的な認識や判断が、実は身体的な知覚や運動に支えられていることを、微に入り細を穿つ形で解明してみせたのだった。

たとえば、哲学的エッセイ『シーシュポスの神話』で、カミュはメルロ＝ポンティさながらに、日常生活では身体のほうが常に精神よりも先行していると断言したうえで、「身体は死を前にすると後ずさりをする」のだが、「こういう肉体の反抗、それこそが不条理だ」と述べている。要するに、不条理や死に対する反抗とは、実は身体ないし肉体の次元でまずは生きられ、次いでそれを重要な起点や根拠にして、人間は「死というもっとも明白な不条理性」や世界に対する意識的反抗へと踏み切っていくのだと解釈できる。

なお、やはりメルロ＝ポンティさながら、「身体の下す判断は精神の下す判断と等価である」ともカミュは述べており、さらには『身体の心理学』なるものをいつか書く必要があるだろうとも友人あての手紙で語っていたものの、実現にはいたらなかった。私たちの主体的な認識や判断は、人格的な意識の下にある「無名で一般的な実存」として、常に世界と関わり世界に向かっていく身体を基盤としている。こうした実存の深層を、『知覚の現象学』のメルロ＝ポンティは同時代の誰よりも深く掘り下げて、さまざまな角度から洞察し、記述したと言えよう。

III 歴史の展望をめぐって――『ヒューマニズムとテロル』

歴史の「呪い」

『知覚の現象学』は、ごく身近であるがゆえに見落とされてきた身体というものを徹底的に問い直すことで、学術界に大きなインパクトを与えた。とはいえ本書は「予備的なもの」に過ぎないとも、一九四六年一一月、メルロ＝ポンティはフランス哲学会での発表の際に語っている。本人によれば、「文化や歴史についてほとんど触れられていない」のがその理由だが、歴史さらには政治を中心的なテーマに据えたのが、四六年一〇月以降『現代』誌に発表した一連の論考をまとめて、四七年に刊行された『ヒューマニズムとテロル』である。まずは本書が誕生した経緯をざっと眺めてみよう。

米ソ二大陣営による冷戦の前夜にあった当時のフランスでは、共産主義と資本主義のいずれを選ぶべきかという議論が各所で繰り広げられていた。この頃、ハンガリー出身の作家アーサー・ケストラーの小説『真昼の暗黒』が、世界的な反響を呼び起こしてもいた。この小説は、ソ連の指導者であるスターリンによる弾圧や粛清、とりわけ一九三八年の悪名高いモスクワ裁判をモチーフにしている（モスクワ裁判は、粛清を目的とした公開裁判で、かつての党幹部だったブハーリンをはじめとする被告たちは、不自然な罪の自白をおこない、銃殺刑や懲役刑を言い渡された）。共産主義体制が孕《はら》む暴力を告発した『真昼の暗黒』は、フランスでも四五年に翻訳版が出ており（フランス語タイトルは『零と無限』）、大いに物議をかもした。

ケストラー（1905〜83）　Erich Hartmann/Magnum Photos/アフロ

そこで、『現代』誌の政治部門の指導者であったメルロ＝ポンティが、同作の批判的考察の筆をとったことから、『ヒューマニズムとテロル』が誕生する。このように時事的な要素も色濃い著作なのだが、歴史や政治についてメルロ＝ポンティが当時抱いていた思想がまとまった形で記されており、さらには現代世界にも通じるかのような普遍的な洞察も散見される一冊だ。

『知覚の現象学』が詳述する通り、人間は身体を持ち、常に世界のある場所に位置を占めながら存在している。だから、世界は常に一定の角度から、一定の射影を通じてしか眺められず、その全貌をとらえられない。この知覚モデルは、歴史を問題にする際にも生かされている。すなわち、人間が身体をもって現代社会や現代史のなかに存在している限り、過去、現在、未来を貫く歴史の流れを全体的に眺めることはできない。高みに舞い上がってすべてを俯瞰《ふかん》的に捉えようとする「上空飛行的な思考」を、メルロ＝ポンティは世界を知覚する際にも、歴史を眺める際にも一貫して退けるのだ。

となると、人類の歴史の行く末や方向性は総じて予見不能であり、私たちは混沌とした歴史の流れに翻弄されるしかないのか。メルロ＝ポンティは、いくつかの将来の「展望」を抱くことは可能だと言う。「だが、この語〔＝展望〕が十全に語っているように、これは私たちの知覚の地平にも似た蓋然性の地平にほかならず、その地平は、私たちが近づき、それが現在へと転じるにつれて、予期したものとはかなり異なるものとして現れることがある」とも注意を促す。

たとえば、現在、遠くにぼんやりと見えている風景が、実際にそこに近づいてみると、当初の予想とは異なる姿を見せることも稀《まれ》ではない。それと同様に、歴史についての一つの「展望（perspective）」が未来を正確に映し出しているかは、展望を抱いている時点ではわからない。実際の歴史の進行に応じて、当初の展望が裏切られることも十分にあり得るのだから。歴史の流れや方向性についても同様である。歴史にはいくつかの可能な方向性が見て取れるものの、幾何学の証明のように絶対に正しいとされる一本の線をあらかじめ読みとることはできない。「歴史は、未来へと延長するべき諸事実の何本かの線を私たちにもたらしはするが、成就されることで最終的には私たちの現在と化すであろう特権的な諸事実の線を、幾何学的明証性をもって私たちに知らしめることはない」。こうして、歴史には複数の可能な展望と方向性が存在することになる。そして、そのいずれが正しかったかは、後から振り返って検証されねばならないが、そこにこそ歴史の「呪い」があるとメルロ＝ポンティは不穏にも語っている。

歴史のなかには一種の呪いがあるのだ。歴史は人間たちをそそのかし、人間たちを誘惑する。人間たちは、歴史の進行方向に即して歩いていると思い込んでいるのだが、突如として歴史は姿を消し、出来事は変化し、それによって別の事象も可能であったということを証明する。自分は歴史の相棒であるとしか思っていなかった人間たちは、いまや歴史に見捨てられ、突如として、歴史によって生みだされた犯罪の首謀者たる自分を見出す。

幻想小説を想起させるこの一節で念頭に置かれているのは、たとえば第二次世界大戦中にナチ・ドイツに協力したフランス人たちが、戦後になってこうむった歴史の呪いである。彼らは対独協力者《コラボ》として粛清裁判にかけられ、銃殺刑に処された者もいた。ただ、彼らは必ずしも極悪非道な人間ではないとメルロ＝ポンティは述べる。彼らはドイツの勝利は間違いないという歴史の展望を信じて、占領軍に協力する道を選んだ。だが、現実の歴史はドイツの敗北およびフランス解放というように、彼らの展望を裏切る結果になった。この顚末《てんまつ》は、彼らが連合国および対独抵抗運動《レジスタンス》の勝利を妨げる者であったことを、さかのぼって立証してしまう。したがって、「善良であれ悪辣であれ、誠実であれ欲得ずくであれ、勇敢であれ卑怯であれ」、対独協力者は一括して「客観的もしくは歴史的に裏切り者」とされて、その責任を厳しく追及される結果になったのだとメルロ＝ポンティは分析する。

かくして、歴史の方向性を正しく予見し、自らが抱いた展望を行動によって実現した人間は、レジスタンスの闘士のように「英雄」として称賛される。その一方で、思い描いた歴史の展望に裏切られた人間は、対独協力者のように歴史に呪われる形で、「犯罪の首謀者」として断罪される。

しかしながら、レジスタンスの闘士たちは、歴史の動きを正しく読み当てたから英雄となったのだろうか。むしろそれは結果論ではないか。そう疑義を呈するのは、地下出版の対独抵抗紙『コンバ』の執筆陣の主力として、実際に抵抗運動に深くコミットしたカミュである。農夫や会社員から知識人にいたるまでの多種多様な人間たちが、命を賭して占領軍に抵抗した。こうした有名無名を問わないレジスタンスの闘士たちの偉大さや英雄性は、ナチ・ドイツが命じた不当な隷属をはねのけて、先が読めず勝ち目も薄い戦いに敢然と身を投じた点にこそ求められるのかもしれない。なお、カミュは『ヒューマニズムとテロル』に憤激し、その著者とも一方的に対立するのだが、詳細は第6章で述べる。

政治、暴力、ヒューマニズム

歴史の唯一無二の方向性は予見できない。だとしたら、政治の次元でも、複数の可能な展望から、正しいと思われるものを選択し、それを信じ、それに賭ける形で行動するしかないと言える。こうした前提を踏まえつつ、大きな反響を呼んだ『ヒューマニズムとテロル』で展開された政治思想を見ていこう。

すでに述べたように、本書が執筆されていた当時のフランスは、共産主義と自由主義をめぐる議論の渦中にあったのだが、両陣営はともに暴力を含んでいるとメルロ＝ポンティは主張する。ソ連に代表される共産主義体制は、自由主義的な権利や価値観を圧殺しているのだから、当然暴力を内包している。だが、アメリカを代表とする自由主義体制ないし資本主義国家も、植民地での搾取や軍事的支配などの暴力とは無縁ではない。兵器供与などの軍事的支援も間接的な暴力の行使とみなすのならば、にわかに昨今の国際政治にも通じる主題になるのだが、いずれにせよ、「暴力とはすべての体制に共通の出発点となる状況である」し、「私たちが受肉している限り、暴力は私たちの宿命である」とも、メルロ＝ポンティはきわめてラディカルに指摘する。

ただし、こうした見解を暴力礼賛や、あらゆる政治的暴力の甘受とみなすのは早計である。というのも、もし、政治に暴力が不可避であれば、暴力か非暴力かといった二者択一は成立せず、「多様な種類の暴力のあいだで」選択するしかない。その際に重要となるもの、「それは暴力ではなく、その意味や未来なのだ」とメルロ＝ポンティは言う。たとえば、暴力を解消するどころか、さらに強化するような「退行的な」暴力を選択するのは論外となる。反対に、いつの日か暴力が乗り越えられて、暴力が排除されるような未来の実現に向けて行使される「進歩的な」暴力こそが、選ばれねばならない（矛盾した主張のようにも聞こえるが、これもまた昨今の国際政治に通じるテーマかもしれない。戦争という暴力を激化させるのではなく、あくまでその乗り越えないし終結を目指した軍事的支援こそが目指されるべきであろう、それが決して容易なものではないのは間違いないにせよ）。

こうした文脈でマルクス主義とソ連が俎上《そじょう》にのせられる。マルクス主義は、人間の相互承認に基づく「階級なき社会」の実現を目指しており、そこでは「人間による人間の搾取に加えて、戦争や頽廃の理由も消滅するだろう」。では、はたしてソ連が振るっている暴力は、こうした社会を人類史のなかに実現させるための進歩的な暴力なのか。この問いに対するメルロ＝ポンティの答えは、白にも黒にも見えかねない両義的なものであり、それゆえに左右両陣営から「暴力的な数々の非難」を被ることにもなったのだが、大きくは次のようにまとめられるだろう。

まず、植民地支配などの暴力や、人間による人間の搾取を解消するどころか、それらを増幅させかねない資本主義体制には賛同できない。同様に、ソ連の権力当局による暴力や弾圧が、人間の相互承認に基づく階級なき社会の実現といった、マルクス主義が唱える人間的未来に向かっているとも確言できない。だが、「マルクス主義は、明日にもほかの仮説によって置き換え可能な何らかの仮説」ではなく、「一つの歴史哲学でもなく、歴史哲学そのもの」であって、それを放棄してしまえば、「その後にはもはや空想と冒険しか残らないだろう」。すなわち、人間による人間の搾取や暴力が消滅するような未来へと向かう道筋、マルクス主義はそれを提示している現状唯一の歴史哲学であるし、「みずからの推論的帰結を思い切って展開する唯一のヒューマニズム」でもある。したがって、人道主義《ヒューマニズム》の観点に立てば、階級なき社会に向かおうとするソ連の冒険を安易に否定するべきではない。以上が、大きくは『ヒューマニズムとテロル』執筆時のメルロ＝ポンティが抱いていた歴史的、政治的展望であったと言えよう。

もっとも、これらは暫定的な展望であったことは強調しておかねばならない。自然世界も歴史も「いま、ここ」では、その全貌を見渡せず、当初描いていた展望とは異なる風景が現れ得ることは、『知覚の現象学』と『ヒューマニズムとテロル』が共通して指摘する通りだ。だから、現象学的分析も歴史哲学的分析も絶えず見直しを迫られざるを得ない。事実、メルロ＝ポンティは、『ヒューマニズムとテロル』で示した歴史的・政治的展望を、その後の歴史の流れに即して再検討するのを忘れなかった。たとえば、人類の平和の実現へと向かっていたはずのソ連が、強制収容所を国家的に運営している事実が明るみになり、さらには朝鮮戦争に加担すると、ソ連や共産主義についての否定的な言及が増していく。

他方、彼の盟友は逆方向へと舵を切った。ともに手を取り合いながら、総合誌『現代』を、戦後フランス思想を牽引してきたサルトルはこう振り返っている。「私は読み、教えられ、しまいには夢中になって読んでいた。彼は私のガイドであった。私に思い切って踏み切らせたのは『ヒューマニズムとテロル』であった」。時代を代表する二人の哲学者のすれ違いは、一九五五年にメルロ＝ポンティが出版した『弁証法の冒険』での長大なサルトル批判へと行き着くのだが、詳細は第7章で後述しよう。

IV　果てしなき探究

「夢中にさせると同時に難しい」文章？

ここまで『知覚の現象学』と『ヒューマニズムとテロル』の抜粋を読まれて感じられたかもしれないが、総じてメルロ＝ポンティの文章は難解である。「一読しただけではわからない」のみならず、「いくら読んでもわからない」と評する論者もいる。

その論述のスタイルもきわめて独特だ。往々にして白か黒かをハッキリと言い切るのではなく、両者の境界線を丹念に探り、双方のニュアンスを豊かに汲みあげながら、ときには白であると同時に黒でもあるようなグレーゾーンにも立ち寄る文章は、複雑なジグザグ軌道を描きつつ、目指している対象へと迂回しながら近づいていく。こうした一筋縄ではいかない「エクリチュール《書体・書法》（écriture）」を解読する作業は、「夢中にさせると同時に難しいもの」となるばかりか、「ときにはいらいらさせられ、がっかりさせるもの」にもなると評したのは、やはり文章と思想の難解さで知られる哲学者ジャック・デリダであった。

メルロ＝ポンティの文章は難解だが、詩的で文学的な魅力を湛《たた》えているとも多くの論者が指摘している。とりわけ『知覚の現象学』以降の著作には、情感豊かな比喩表現や謎めいた暗示が宝石のようにちりばめられており、時として哲学書というよりも散文詩を目にしているような気分にもなる。そこで、本章の冒頭で予告したように、メルロ＝ポンティにおける哲学と文学の関係、とりわけ哲学的営みが文学創造と親和性を有していた点を考察してみたい。

たとえば、『知覚の現象学』の序文はこのような一節で結ばれている。

現象学はバルザックの作品、プルーストの作品、ヴァレリーの作品、あるいはセザンヌの作品と同じように骨の折れる仕事である――同じ種類の注意と驚嘆によって、同じ意識を要求することによって、世界や歴史の意味をその生まれいずる状態において把握するという同じ意思によって、骨の折れる仕事となるのだ。この点で現象学は、現代思想の努力と軌を一にするのである。

ここで現象学は、四人の芸術家の仕事になぞらえられているが、近代絵画の父であり、メルロ＝ポンティが深い関心を寄せていたポール・セザンヌ以外の三人が、いずれも文学者なのが注目される。社会全体を巨視的に眺めながらあらゆる階層の人間を描き、一九世紀フランスの活写を試みた小説家オノレ・ド・バルザック。二〇世紀フランス小説の金字塔『失われた時を求めて』の著者であり、数十年にまたがる散逸的な記憶を辿りながら、時の流れのなかに沈殿していた風景や人物などを、その細部にいたるまで描き出したマルセル・プルースト。詩作および文章作成のメカニズムを、人間の精神のはたらきとの関連から精緻に探究した詩人であり、批評家でもあったポール・ヴァレリー。作家や詩人である彼らの仕事を、メルロ＝ポンティは自身の現象学的探究および哲学的著作の執筆に、意識的に組み込もうとしていたのがまずは窺える。

「一つの対話、あるいは終わりなき省察」

それでは、彼らと同じように「世界や歴史の意味をその生まれいずる状態において把握する」とは、具体的には自然世界や歴史的世界に臨むいかなる姿勢を指しているのか。『知覚の現象学』の一節を参照してみよう。

〔……〕とある対象を私が眺めるにあたって、その対象がありのままに存在している姿を、そして、その対象が私の眼前に展開してみせる豊かなありさまを見ようと心掛けるならば、その対象はもはや一般的な類型をほのめかすことをやめる。そして、私がはじめて見渡す光景についての知覚だけでなく、あらゆる知覚がそれぞれ独自に叡智の誕生を繰り返し、したがって天才的な発明にも似たものを持っていることに、私は気がつく。たとえば私が樹木を一本の樹木として認知するには、樹木という既得の意味の下方から、感覚的な情景が即座に整頓されて、まるで植物の世界がはじめて現れた日に立ち会っているかのようなこの一本の樹木、その個体的な観念を素描し直さねばならないのだ。

世界についての一切の先入見をいったん排除して、そのあるがままの姿や現われを記述する現象学的な洞察であると同時に、世界の誕生や黎明《れいめい》を謳う詩の断片でもあるかのような、難解だが印象深いこの一節。

まずは、メルロ＝ポンティにならって、樹木についての「既得の意味」や「一般的な類型」を、たとえば地理学や生物学や植物学などにおける一般的で自明な樹木の概念、定義、分類およびイメージなどを、少しだけ脇に置くことにしよう。そして、自然世界には完全に同じ樹木は実は一本たりとも存在していないことを思い出してみよう。目の前にある一本の樹木は、その形、大きさ、色、木目、葉の数などで、他の樹木とは大なり小なり異なっている。さらには、同じ一本の樹木でも、眺める角度によって異なる姿を見せてくる。見る時間によっても。たとえば夜明けの薄明のなかでおぼろに知覚された場合と、日中の光のなかで克明に知覚された場合とでは、その印象やニュアンスは異なるだろう。こうして、一本の樹木ですらも、空間と時間の変化を通じて、その都度新たな姿と意味を個別的に備えて視界に現れてくる。いわんや、無数の事物からなるこの世界は、無限の豊饒さをたずさえて、人間の知覚に対して刻々と誕生してくる。

そのありのままの姿を、先入見にとらわれず精確に記述しようと心掛けるならば、確かに作家や詩人と「同じ種類の注意と驚嘆」をもって、同じような意識の緻密さをもって、現象学者も自らの仕事に臨む必要があるのは間違いない。そもそも、刻々と生成する世界の汲み尽くせぬ相貌を書き留めるならば、世間に流通している言葉とそれが持つ「既得の意味」にすがるだけでは明らかに足りない。いみじくも次章で紹介するバタイユが、「詩は既知のものから未知のものへと導いていく」とも述べるように、旧来の手垢《てあか》がついた言葉を変容させ、転調させ、新たな表現やイメージやニュアンスを創出する詩人の仕事も必要になるだろう。現象学的ないし哲学的営みは、こうして文学的ないし芸術的創造と深く交差しながら、終わりなき探究といった様相を呈していく。

終わりなき探究というのも、世界は常に一定の角度から、一定の射影を通じてしか眺められず、その全貌をとらえられない以上、いまここに現れている世界の姿や意味をたとえ精確に記述し省察できたとしても、それは最終的な結論や普遍的な真理にはなり得ないからだ。だが、そのことは同時に、自然世界あるいは歴史的世界の現在は見えていない部分も、将来は見える可能性があることを常に教えてくれてもいる。だから、こんにち辿り着いた結論は、明日は、そこからまた新たに世界や歴史へと臨んでいく序論へと更新されていく。メルロ＝ポンティが言うように、「哲学とはおのれ自身の出発点が繰り返し更新されていく経験である」し、それは「一つの対話、あるいは終わりなき省察」でもあるのだ。

無限の厚みと深みと複雑さをたずさえて不断に生成するこの世界に立ち会い、その意味や姿を生まれいずる状態において捉え、素描し、省察し、捉え直し、素描し直し、省察し直すこと。言葉に言葉を塗り重ねていくかのような、事物や論理の細かなひだや綾《あや》をなぞるかのような、濃密かつ繊細に入り組んだメルロ＝ポンティの文章が跡付けているのは、こうした哲学的でもあり文学的でもある、気が遠くなるほど果てしなき探究の一端なのだろう。

第5章　知られざる領域——バタイユ

I　実存主義の陰で

異彩を放つ星？

これまで紹介してきたサルトルやカミュらと同様、バタイユもジャンル越境的な執筆活動を展開した。哲学的あるいは宗教的とも呼べる思想的著作を世に送り、特異な官能と死の世界を小説に描いた。のみならず、自らが創刊に携わった月刊の書評誌『クリティック』を中心に、文学、哲学、経済学、社会学、人類学、宗教、芸術、政治、歴史などの多岐にわたるテーマの論考を次々に発表した。

とはいえ、その言動が常に世の注目を集めたサルトルや、国内外に多くの読者を持っていたカミュと比べると、当時のバタイユの一般的な知名度は低く、影響力も限られていた。彼が創刊と編集に携わった雑誌『クリティック』は一九四七年に、ジャーナリストの選ぶ年間最優秀雑誌賞に輝いている。だが、サルトルが主宰する総合誌『現代』に比べると、定期購読者の数は限られており、財政難による運営の危機と隣りあわせだった（立ち上げから五年間で出版元が三回変わり、一年間休刊したこともあった）。実存主義が時代を席巻するなかで、サルトル、カミュ、ボーヴォワール、メルロ＝ポンティらが戦後フランスの空に燦然《さんぜん》と輝く巨星だったならば、バタイユは少数の選ばれし読者に向けて輝く異彩の星だったのかもしれない。彼はこうも述べていた。「私の本のなかに入ったら、まるで穴に落ちたかのようにもはやそこから出てこない、そういう読者のために私は書いている」。

言語や論理の極点と戯れるかのような思想的著作を世に問い、鮮烈な読後感を残す小説の書き手でもあったバタイユ。「私は哲学者ではなく、聖人であり、おそらくは狂人である」とも自称した作家の来歴と仕事を簡潔に振り返っておこう。

狂気、死、宗教

ジョルジュ・バタイユは、一八九七年九月一〇日にフランス中部のオーヴェルニュ地方の町、ビヨンに生まれた。のちに論敵となるサルトルの八歳上で、第一次世界大戦中に兵役に服した「復員兵の世代」に属している。一九〇〇年ごろ、バタイユ一家は北フランスの大都

バタイユ（1897〜1962）　Opale/アフロ

市ランスに移住。父親は公務員（収税吏）であったが、梅毒により視力を失っていた。その後も、病の進行により心身の自由が奪われ、狂気の発作にも見舞われる。理性と人間性が徐々に消えていく父親、そのかたわらにあった母親の心身も疲弊していく。一度ならず彼女は自殺を試みたともバタイユは後に語っている。

第一次世界大戦がはじまる一九一四年にカトリックに入信、洗礼を受ける。その後しばらくは敬虔な信徒として過ごす。同年八月、戦火の高まりとともに、ランスの住人に退避命令が出ると、一家は母親の故郷であるオーヴェルニュ地方の村へと父親を残して避難する。残された父親は、家政婦一人に付き添われたまま、翌年息をひきとるのだが、重篤な病にむしばまれた父親を見棄てたという罪の意識は、バタイユの心に長く刻まれる。

避難先の祖父母の家では、大学入学資格試験《バカロレア》のための勉強および瞑想を自らに厳しく課し、当時の友人の証言によれば、「聖人のような生活」を送っていた。一九一六年、一八歳のときに動員されるが、肺結核をわずらい、前線には送られずに翌年除隊となる。その後、難関で知られる高等師範学校《グラン・ゼコール》の一つであるパリの国立古文書学校に進学するが、少しずつキリスト教から離れていき、やがて全面的な棄教にいたる。キリスト者であったころのバタイユは、祈《き》禱《とう》や瞑想を通じて宗教的な恍惚《こうこつ》を経験していたのだが、以降は、特定の神や信仰を必要としない恍惚体験そのものの探究へと向かう。その成果は『内的体験』で披露されるだろう。

雌伏の時代を経て

一九二二年に国立古文書学校を次席で卒業すると、パリの国立図書館で司書として働きだす。二四年には、既成の秩序と芸術への反抗を掲げて活動していた、パリのシュルレアリスム・グループと知り合う。「理性によって行使される一切の管理が存在しない状態」で、「心の純粋な自動性」に基づく記述を試みる同運動の中心には、詩人であり作家でもあるアンドレ・ブルトンやルイ・アラゴンがいた。バタイユは彼ら主流派よりも、支流派のメンバーに親近感を覚え、その代表格であった画家のアンドレ・マッソンは終生の友となった。

このころの彼は、日中は国立図書館で働き、夜はパリの娼館で淫蕩に耽る生活を送っていたとされる。ロシアンルーレットにも手を出したと言われているが、その姿に、あるいは「彼の著述に見られる毒性と全般的な強迫観念」に危惧を覚えた友人の勧めで、精神分析治療を受ける。治療の一環として何か書いてみるよう促され、『眼球譚』が誕生する。死と狂気の奔放なイメージが渦巻くこの小説は、ロード・オーシュ（強いて訳せば「用便する神」などの意味か）という偽名のもと、制作者不明の八枚の石版画《リトグラフ》付きで（実はマッソンの作品）、一九二八年に一三四部ほどがひそかに世に出回った。

一九二九年には学術雑誌『ドキュマン』（「資料」という意味）の創刊と編集に携わる。考古学、美術、民族誌学を扱う同誌を主導する立場になると、人間に嫌悪感や恐怖を与えると同時に惹きつけもする異様なものを、国立図書館所有の資料のなかから探し出してきて、図版や写真付きで読者に紹介した。たとえば、古銭に刻まれた醜悪な馬の図像、成人男性の足の親指がアップになった写真、解体されて並べられた動物の肉と骨の写真など。こうしたビジュアル資料を武器に「異質なもの」ないし「聖なるもの」についての独自の論陣を張った。

雑誌『ドキュマン』は、シュルレアリスム主流派との軋轢を生みだしたこともあり（ブルトンに言わせれば、バタイユは「偏執狂」である）、結局、わずか二年で廃刊となる。その後は、極左知識人たちの共闘組織「コントル＝アタック」（「反撃」の意味）、宗教的秘密結社「アセファル」（「無頭人」の意味）、独自の共同体理論の研究と実践を目指した「社会学研究会」といった複数のグループの結成、活動および解散に立ち会っている。

バタイユの思想的主著とも呼べる『内的体験』は、第二次世界大戦中の一九四一年から書きはじめられた。この年の九月から一〇月にかけて、短編小説『マダム・エドワルダ』も執筆、ピエール・アンジェリックの変名で一二月にごく少数部で出版された。難解な思想を断章形式で綴った『内的体験』は四二年の夏に完成、翌四三年に世に出ている。同年には、サルトルの哲学的主著『存在と無』も刊行されているが、二〇世紀フランス文学史に名を刻む二人の作家は、次章で見るように、まずは対立のなかで互いの姿を認識するだろう。

第二次世界大戦後の一九四六年には、こんにちまで続く書評雑誌『クリティック』を創刊。以降は、『内的体験』のような断章形式による叙述ではなく、論理的なまとまりのある記述や、学術知や歴史学的知見もとりいれた著作の執筆にも取り組む。四九年出版の「全般経済学の試み」の副題を持つ『呪われた部分』や、五七年出版の『エロティシズム』(執筆開始時のタイトルは『エロティシズムの歴史』)はその典型である。そのほかにも、小説『C神父』(五〇年)、小説『わが母』(五四年から五五年にかけて執筆、生前は出版されず)、芸術論『先史時代の絵画、ラスコーまたは芸術の誕生』(五五年)、作家論であり文学論である評論集『文学と悪』(五七年)、小説『青空』(三五年に執筆、初出版は五七年)、未完の思想的著作『至高性』など、一つのジャンルやテーマに縛られない多面的な執筆活動を展開した。

晩年と死後

一九五五年、五八歳のときに深刻な健康上の危機に見舞われ、頸部動脈硬化症と診断される。病状の悪化にもかかわらず、バタイユは仕事を続けていくが、六二年七月八日、数ヵ月前に移り住んだパリの自宅で亡くなった。

なお、その死の同年にはレヴィ＝ストロースの『野生の思考』が、前年にはミシェル・フーコーの『狂気の歴史』が刊行されており、戦後一五年以上もフランス思想界に君臨してきたサルトルの実存主義に代わる、新たな知的ムーブメントが勃興しつつあった。人間は自由であり、行動によって自己を創造すると説く主体性の哲学から、人間の意識や行動に影響を与えている、社会や文化の背景にある不可視の枠組みを分析する構造主義へと知のトレンドは移行する。

そのなかで、生前は実存主義の隆盛の陰に隠れがちであったバタイユの仕事が、新時代の思想家たちの注目を集めていく。七〇年には『バタイユ全集』の第一巻が公刊されるのだが、サルトルに代わってフランス思想界の旗手となったフーコーは、その序文をこんな言葉で書き出している。「こんにちでは誰もが知っている。バタイユは今世紀のもっとも重要な書き手の一人である」。

それから現在まで、彼の著作は多くの作家、思想家、研究者の関心を惹き続けてきた。なお、神秘主義者、反知性主義者（これはサルトルがバタイユを評した言葉）、エロスと死の思想家（「エロティシズムは死にいたるまでの生の称揚である」というバタイユの言葉はつとに有名である）といった、従来の一面的なバタイユ像を刷新するかのように、その著作の底流を貫く学術的、哲学的思索に光を当てた研究が、近年、日本で続々と生み出されている。本書の末尾に付したブックガイドも参照してほしい。

II 「非 - 知」という謎——『内的体験』

「自分が触るものはどれも腐っている」

総じて難解で知られるバタイユの著作のなかでも、『内的体験』は格別である。本書は理路整然とした論証形式ではなく、長短さまざまな断章から構成されている。断章内には逆説的な断定や故意の文章の中断などが散見される。断章相互のつながりも一見したところ不明瞭で、通常の書体（ローマン体）で記された断章と斜体（イタリック体）で記された断章が併存しており、日記的な文章や詩も挿入されているなど、複雑で混沌とした外観を呈している。序文に「私は、目が決して見られなかったものを見た」と記されているのだが、いったい著者は何をどのように見たのか。それすらもよくわからないまま、断章から断章へと、出口のない迷路を読者はさまよい続ける。もっとも、こうした取り留めのなさは、バタイユが苦心して語ろうとしている「内的体験」（「純粋体験」あるいは端的に「体験」とも彼は呼ぶ）が、そもそも明確に言語化できないものだからとも推測される。まずは次の一節に注目してみよう。

> 内的体験という言葉で私が言おうとしているのは、通常は神秘的体験と呼ばれるものである。つまり恍惚、法悦の状態、少なくとも瞑想による感動の状態である。しかし私は、宗教的な体験、つまりこれまで人びとがしがみつかざるを得なかった体験よりも、むき出しの体験を思い描いている。それは、いかなる信仰との繋がりも持たない、それを原因とすらしない体験だ。だからこそ、私は神秘的という言葉を好まない。

『内的体験』

内的体験とは瞑想に基づく「恍惚（extase）」の一種であるという。なお、フランス語名詞 extase が、「自分の外に立つ」を意味する教会ラテン語の extasis（または ecstasis）、ひいてはギリシャ語の ἔκστασις を語源としているように、恍惚とは、自己からの離脱や自己意識の消失をともなう脱自的な状態を指す。古風に言えば忘我奪魂、当世風に言えばトランス状態の一種となろうか。往々にしてこうした体験は、祈禱や瞑想などの信仰生活や宗教的儀礼のなかで現れる神秘的体験（有限の自己の外に出て無限の神と融合するといったような）とみなされてきた。だが、バタイユはいかなる宗教的信仰にも依拠せずに、周到に準備された独自の瞑想法を用いて、脱自＝恍惚や自己と対象の明瞭な区分の消失、および両者の融合などに特徴づけられる内的体験を自在に生きたと述べている。そして、それを読者に語るという困難な仕事を自らに課したのだった。

困難な仕事であるのは、内的体験では「もはや主体はいない」、あるいは「主体の問題、その知への意思は抹消される」とも語られるように、思考、認識、判断、推論、記憶、予期などの知的操作を司《つかさど》っている人間の主体的意識が、もはや明確には維持されないからだ。したがって、論理的な思考や言葉のみを頼りにして、トランス的な体験を語ったり、分析したり、証明したりするのは原理的に不可能かもしれない。事実、バタイユ自身も、「最後には必然的に、〈内的〉体験は言語であるのに劣らず沈黙となる」と述べている。

二〇世紀を代表する言語哲学者の一人である、ウィトゲンシュタインの有名な言葉によれば、「語りえぬものについては沈黙せねばならない」はずである。とはいえ、バタイユは決して沈黙を選ばなかった。彼が選択し、そして進んでいくのは、言葉で語りえないものをそれでも言葉で語るといった刑苦にも似たいばらの道である。だから、『内的体験』の作者はこう打ち明ける、「何を書こうとも私は失敗する」と。あるいは「自分が腐っていると感じているし、自分が触るものはどれも腐っている」とも。

自由か牢獄か——「投企」と「企て」

内的体験は言葉にできない。では、それをどうやって言葉を用いて紹介すればよいのか、バタイユならずとも頭を抱えてしまう。そこで、内的体験とは何かと正面きって問うのではなく、それは何ではないのか、何の反対なのかと問うことで、いわば裏口からこの特異な恍惚体験へのアクセスを試みたい、まずは次の断章を貴重な導きの糸《アリアドネ》にしながら。

ついに私は次のような見解に到達する。つまり、内的体験は行動とは正反対である。それ以上の何ものでもない。

「行動」は、完全に企ての支配下にある。そして重大なことに、推論的思考そのものが、企てという実存様式に完全に巻き込まれているのだ。〔……〕企ては、行動が前提とする、行動が必要な実存様式であるばかりではない。それは、逆説的な時間のなかに存在する方法なのだ。つまりそれは、実存を将来に延期することである。

きわめて濃密な文章であるが、内的体験の反対物と措定されている「企て」「行動」「推論的思考」などを手掛かりに解読を試みよう。まず、企てという観念に対する反発は『内的体験』のみならず、実はバタイユの思想全体を貫いているとも言えるが、企てとはサルトルの実存主義の中枢を担う「投企」に類するものである。なお、企ても投企も、原語にあたるフランス語名詞はともに projet なのだが、サルトルがこの名詞を哲学的術語として使用する際には投企と訳されるのが一般的なので、本書もそれに従い訳し分ける。

本書の第1章で触れたように、サルトル哲学における投企とは、何らかの達成すべき未来の目標を立てつつ、それに向けて自己を前方に投げることであった。先に引用した『内的体験』の表現を用いれば、まずは何かを「企て」、その実現のために有用な方法を「推論的思考」によって導き出し、それに即して「行動」することだと言い換えられよう。

また、バタイユによれば、人間の行動は「完全に企ての支配下にある」のだが、その理由は、「人間の行動はどんな些細なものであってもすべて将来という観点から理解される」というサルトルの言葉が明快に説明している。往々にして人間が何かを企て行動するのは、将来何らかの成果を獲得するためである。たとえば教習所に通ったり、ジョギングをはじめたり、世界を変革すべく立ち上がったりするのは、運転免許を取得するため、贅肉を落とすため、階級なき社会を実現するためと、いずれも企てに即した行動であると言える。

さて、サルトルおよびボーヴォワールの実存主義では、投企とは、これまでの自分に拘束されることなく、未来の自分や目的へ向けて既存の自己を絶えず乗り越えていくという点で、人間の自由のあかしともなっていた。しかしながら、将来手にすべき成果を推測して現在時において行動するというのは、「逆説的な時間のなかに存在する方法」であり、「実存を将来に延期することである」とバタイユは批判する。いったいなぜか。わかりやすい例に即して考えてみよう。

たとえば、食べていくために働き、労働に必要な力を回復するために食事をする……こうした企てと行動の連鎖に埋没した人間は、いまここに存在している現在の自分のためにではなく、まだ存在していない未来の自分のために、現在時において常に行動（労働、食事）を強制されるという点で「逆説的な時間のなかに」いる。のみならず、「企てとは、明らかに奴隷の行為である」し、「企ては牢獄であり、私はそこから逃れたい」のだとも、『内的体験』の著者は記している。

ここからは、バタイユが企てと行動のなかに隷属のしるしを見出しながら、それらの「正反対」とも定義される内的体験をその果てまで辿ろうとする理由が見えてくる。というのも、脱自＝恍惚に特徴づけられる内的体験では、明瞭な主体的意識はもはや維持されず、何らかの行動を意識的に企てることも不可能となるからだ。結果として、企てや将来への隷属から逃れた「恍惚――あるいは瞬間の自由――が」生まれる。そして、「現在という時をその現在という時以外にはなにものも目指さずに享受する」といった、非隷属的な実存様式が開示される。

こうした現在時を現在時のために生き尽くし、それ以外の一切を歯牙にもかけない在りかたを、すなわち「何にも従属しない瞬間的な生の自律性」を、バタイユは「至高性」とも呼ぶ。その探究は以降の著作にも、たとえば『呪われた部分』などにも引き継がれていく。なお、企てや打算を粉砕して、現在時を純粋に生き尽くすという至高な実存様式は、いつでも可能な死に抗しつつ現在時を最大限の自覚と強度で生き抜くべきだとする、カミュの反抗の思想をどことなく想起させる（奇《く》しくもバタイユは、「至高性は反抗である」とも述べている）。

さて、すでに見たように内的体験とは、独自の瞑想法に基づく脱自＝恍惚や、主体と対象の明瞭な区別が失われ、両者が融合状態へといたる特異な体験を一義的には指している。もっとも、同様の体験は瞑想のみならず、笑い、酩酊《めいてい》、供犠《くぎ》（生贄《いけにえ》を捧げる儀式のこと）などにおいても可能だとバタイユは記している。そこで、内的体験をさらに拡大解釈して、忘我奪魂や主体と対象の融合とまではいかないものの、ふと我を忘れ、日々の行動や企てからも解放される刹那の体験とみなしたうえで、少し考えてみたい。

たとえば、重い足取りで職場へと向かう途上でふと見上げた空。そのどこまでも澄み渡る青に思わず足がとまるときには、仕事の懸念はしばし消える。出勤という企てや行動もしばし消えており、空の青と一つになった心には束の間の解放が生まれている。あるいは官能のなかで、恋人と無我夢中で一つに溶け合うときには、日々の仕事の懸念のみならず、仕事に追われていた日中の自分すらも消えている。このように考えてみると、人間は必ずしも企てと行動の連関にすっぽりと嵌《は》まり込んで生きているわけではなく、たとえ明確に意識されず、記憶に残らずとも、日々のルーティーンから解放された非隷属的で「至高」なひと時も、確かに生きていると言えよう。

非-知とは何か

脱自＝恍惚に特徴づけられる内的体験のなかに、バタイユは企てからの解放や至高性の片鱗を見る。さらには、その極限では、「理性による建造物そのもの」も含めて、まずは「すべてが崩れ去る」。そして、最終的には「主体は非-知となり、対象は未知なるものになる」という。

非-知は裸にする。

この命題は絶頂であるが、次のように理解されなければならない。裸にする、つまり知がそれまで隠していたものを私は見るのだが、見るとしたら私は知ってしまうのだ。実際、私は知るのだが、私が知ったものを非‐知はまた裸にしてしまうのである。

「非‐知（non-savoir）」をめぐる禅問答にも似た難解なこの一節に近づくために、サルトルの小説『嘔吐』を少し思い出してみたい。主人公ロカンタンは、日常的な意識や認識が吐き気によって攪乱《かくらん》され、「おぞましい恍惚」のまっただなかで、公園を構成していた事物から意味が抜け落ち、「むきだしの塊、恐るべき、また猥褻な裸形のかたまり」が眼前に迫るという異様な体験をしたのだった。

バタイユの語る内的体験、その極限にあっても、恍惚や法悦や強烈な感動などによって、意識や認識や理性などの通常の知的プログラムが崩落するのかもしれない。すると、眼前の対象が、それまで付与されていた意味や理解が剝奪された裸の姿で現れ、それを見て知るにいたると推測される。だが、「私が知ったものを非‐知はまた裸にしてしまうのである」。

というのも、そもそも意識や理性や認識の通常の知的プログラムが崩落しているわけだから、さきほど見て知ったあるがままの対象、その姿や意味などを明晰な知的データとして保存しようとしても、いわばエラーが生じ、剝奪されてしまう（何度見て知っても、同じ結果の堂々めぐりだともバタイユは述べる）。その結果、「主体は非‐知となり、対象は未知なるものになるのだ」。すなわち、内的体験の極限では、事物ないし対象が裸の姿で現れるのだが、主体は束の間それを見て知ることができても、明晰かつ安定した知的認識として知り留めることはできないといった、「非‐知」の状態に置かれてしまう。

ここまで力ずくで説明を試みたものの、「「私が見たものは悟性から逃れ去る」と言うことしかできない」とバタイユが述べているように、非‐知とは、知力や言葉で説明できる概念というよりも、瞑想に基づく脱自＝恍惚を極めた者だけが辿り着ける境地なのかもしれない。「これらの言明を論理的に証明することはできない。〔内的〕体験を生きなければならないのであり、〔内的〕体験へはたやすく到達できるものではない」。私たちにそう告げる『内的体験』を最初に（半世紀以上前に）達意の日本語に訳した出口裕弘も、同書を「理論的著作」というよりも秘儀や奥義を綴った「口伝」として、重く受けとめている。だから、常識や理解を超えた箇所はそのままの形で拝受すべきであるし、「著者の口伝をつづめてみようとしても無駄なことだし、第一、滑稽だ」とも読者に注意を促している。

はたして非‐知とは何か。それは文字通り、知に非《あら》ざるものなのかもしれない。だが、バタイユがこうも記しているのはやはり見逃せない。「究極の可能性。非‐知もまた知であるとしたら」。この究極の可能性を追いかけるかのように、『内的体験』のいくつかの断章では、知力を絶したものにも見える非‐知を、知の最高峰の一つであるヘーゲル哲学との対峙を通じて考察するという壮絶な試みがなされている。この点を次いで見ていこう。

そして極限の探究へ

ロシア出身の哲学者アレクサンドル・コジェーヴが、一九三三年から三九年にかけて、パリの高等研究院でおこなったヘーゲルの主著『精神現象学』の講義には、メルロ＝ポンティ、レーモン・アロン、ジャック・ラカンなどの、将来のフランス思想界で名を馳せる俊英たちが参加していた。

バタイユも受講者の一人で、「コジェーヴの講義は私を引きちぎり、粉々にして、十回殺した」と回想するほどの大きな衝撃を受けている。もっとも、ヘーゲル哲学やコジェーヴのヘーゲル読解の概要を記せば、ページがいくらあっても足りない。そこで、バタイユがコジェーヴの講義を通じて理解を深めたヘーゲルの『精神現象学』、そのなかでも「絶対知」と呼ばれる知の形態に焦点を絞り込みつつ、絶対知との関連から、バタイユが語る「非‐知」を再び考察することにしよう。

『精神現象学』では、真理へと向かう意識の長大な遍歴が論じられている。詳しくは同書を読んでいただければと願うのだが、意識は素朴な感覚的確信からスタートして、知覚、悟性、自己意識、理性、精神、宗教といった諸段階を経て、最終的には絶対知に到達するという。

絶対知とは「知が自己自身を見つけ、概念が対象に、対象が概念に一致するところ」であり、そこでは、意識ないし精神は対象である世界全体を自己自身として認識する。誤解を恐れずにかみ砕いて述べるならば、自らのうちに世界のすべてを一つ残らず既知のものとして認識し、含み持つにいたった知の最高段階、それが絶対知である。

とはいえ、バタイユが絶対知に見出すのは、ついに完成した知の姿ではなく、内的体験の極限に現れるとされる非‐知である。ここでも彼のアプローチは独創的であり、「知を求める精神が行う無限の努力」の果てに自らがついに絶対知に到達したと想定し、主体的に絶対知になりきることを徹底したうえで（以上の手続きは「演劇化」とも呼ばれる）、次のように説明する。

もう一度、私が純粋体験と呼ぶ体験の概要を説明したい。まず、私は知の極限に到達する（たとえば、絶対知を模倣する。方法はどうでもいいが、それは知を求める精神が行う無限の努力を前提としている）。すると私は、自分が何も知らないことを知ることになる。自己《イプセ》である私は（知によって）全体者になろうと望んだのだが、不安に陥ってしまう。この不安の原因は私の非‐知であり、手の施しようのない無意味である（この場合、非‐知は個別的な知識を抹消するのではなく、それらの意味を消し去り、そのあらゆる意味を奪い取るのである)。

やはり難解な断章であるが、世界全体を網羅的にカバーし、すべてを知り尽くしているはずの絶対知は、「何も知らない」非‐知に転じ得るというのが、ここでの主張であろう。それはなぜか。とりわけ、いかなる理由から、絶対知がすでに得た世界の総体についての個々の知識も、非‐知によってその意味を奪い取られてしまうのだろうか。

まずは、『内的体験』での認識ないし推論的認識の定義を確認してみよう。「認識することが意味しているのは、既知のものに関連づけること、見知らぬものが、それとは別な既知のものと同じであると把握することである」。たとえば、これまで未確認であったウィルスが新たに発見された場合、私たちは既知のウィルスとの類似性や共通点などを頼りに、その特質を把握しようとする。認識とは知らないものを既知のものに引きつけて了解する行為であり、その際、既知のものは、見知らぬものを知るための不可欠な触媒ないし手段といった重要かつ有用な意味を持つ。だが、すべてを認識し尽くした絶対知にはもはや新たに知るべきものも、新たに知り得るものも何一つとして存在しない。だから、自らが所有している世界の総体についての諸々の知識も、新たなものを知るための有用にして不可欠な手段といった意味を全面的に剝奪され、完全に無用な何かへと、バタイユの言葉を借りれば「手の施しようのない無意味」なものへと転じる。

結果として、すべてを知り尽くしたがゆえに、もはやそれ以上は何一つとして知ることも、知ろうと企てることすらもできないという自らの限界を、絶対知は知る。さらには自らが所有しているすべての知識も有用な意味を奪われ形骸化し、もはやそこに何一つとして知的な用途や存在意義を認識できなくなるのだから、絶対知は「自分が何も知らないことを知る」といった、非 - 知（の知）へとひっくり返るのだと解釈できるだろう。

バタイユは、明確な自己意識が脱自＝恍惚のなかで解体する内的体験の極限で、明晰で安定した知的認識および企ての不可能性や、事物や対象の意味が剝ぎ取られるといった様相を看取し、それを非 - 知と呼んだ。そして、ヘーゲル哲学を果てまで辿りつつ、その最終到達点であるはずの絶対知のなかにも（あるいはなかにこそ）、このような非 - 知が生まれる可能性を示した。「究極の可能性。非 - 知もまた知であるとしたら」。この箴言《しんげん》を反転させて、「絶対知もまた非 - 知であるとしたら」という「究極の可能性」を、独自の瞑想法に基づく内的体験と論理的思索の両者を極限まで突き詰め、極点と極点を重ね合わせることで掘り当てたと言えよう。確かに『内的体験』の作者は、「私は、論理的な説明ではなく、感性的な体験によって生きている」と自称する。だが、「内的体験は、推論的理性によって導かれる」とも語る同書を、特異な感性の持ち主による神秘体験の報告書と決めつけてしまえば、その遠大な知的射程を見損なってしまうのは間違いない。

III 非生産的消費と至高性――『呪われた部分』

全般経済学とは何か

バタイユは『呪われた部分』の総題のもと、三つの著作をまとめて出版する計画を持っていた。まずは『呪われた部分――全般経済学の試み 第一巻〈消尽〉』が一九四九年に刊行される。第二巻『エロティシズムの歴史』は五一年に仕上げが放棄されたのちに、『エロティシズム』とタイトルを一新して書き直され、五七年に公刊された。第三巻『至高性』は、大部分が書きあげられていたものの、生前は未発表で終わった。現在、『呪われた部分』というタイトルで広く流通している著作は、この第一巻を指している。そこで、「全般経済学の試み」という副題を持つこの作品を、以降『呪われた部分』と呼び、概要を紹介したい。

バタイユは一九三〇年代はじめから経済学に強い関心を抱いていた。『呪われた部分』は長年にわたる経済学研究の結晶であるのだが、同書の主要な試みは、「**限定的な**経済の展望から**全般的な**経済の展望へと移ること」と説明されている。では、そもそも経済とは何か。デジタル大辞典を引いてみると、「人間の生活に必要な財貨・サービスを生産、分配、消費する活動。また、それらを通じて形成される社会関係」となる。もっとも、このように定義される経済とは、バタイユに言わせれば「限定的な」経済である。では、彼が目指す「全般的な」経済とはなにか。それは、太陽の熱エネルギーに端を発する地球上の生命エネルギーを含めた富の生産、分配、消費のシステム、および、それらを通じて（とりわけ消費を通じて）形成される人間や生物全般の活動様式を網羅するものだと、まずは考えてよいだろう。

こうした壮大な全般経済学の展望を獲得するために、彼は経済学や社会学のみならず、生物学、天体物理学などの同時代的な研究成果もとりいれながら、独創的な推論をくり広げていく。その一部を辿ってみよう。まず、太陽は地球に向けて膨大なエネルギーを注いでおり、地球上の生物は生命維持に必要な量を超えるエネルギーを受け取っている。だから、人間を含めた生物は余剰なエネルギーを内に抱え込むことになり、何らかの形でそれを消費せねばならない。人間は消費を宿命づけられているのだ。では、生命エネルギーのみならず、物財やサービスを含めた余剰な富を、人間はどのように消費してきたのか。

バタイユは消費の形態を二つに分けて分析する。一つは、将来に何かを生産するため、あるいは生産を拡大させるための「生産的消費」である。たとえば、工場では労働力ないし労働者のエネルギーを消費して生産活動が営まれている。また、労働者は飲食物を消費して水分や栄養をチャージすることで、今後の仕事のためのエネルギーを再生産する。生産的消費は生産活動の継続や生命の保存を目的とすると言えよう。
もう一つは「非生産的消費」である。こちらは生産的消費とは対照的に、将来獲得される利益を度外視して、蓄積された財産や生命エネルギーを無駄にかつ贅沢に浪費する。バタイユは歴史的資料を紐解きながら、人類史上の非生産的消費の例をいくつか挙げている。労働力であり資産でもあった奴隷の生命を、神への生贄として消費していたアステカ人（メキシコの先住民族）の供犠。あるいは、中世ヨーロッパ社会における、蓄積された富を散財しての壮麗な大聖堂や教会の建築など。

この二つの消費の形態は、現代でどのような意義を持つのか。『呪われた部分』は、ソ連とアメリカの二大勢力の対立に特徴づけられる、一九四〇年代後半の世界情勢に目を向ける。人口の増加、生産力の拡大、技術の進歩などにより、両大国には富や国力そして軍事力が過剰に蓄積されている。したがって、そのうまい捌《は》け口を見つけねば、世界大戦ないし核戦争による人類の破滅といった、きわめて悲惨な消費が地球に到来しかねない（『呪われた部分』が刊行された四九年は、ソ連がはじめて核実験に成功した年でもある）。

だが、中世ヨーロッパとは異なり、無目的な富の浪費である非生産的消費は、もはや現代社会では喜ばれない。それどころか、「呪われた部分」として反感の対象となっている。たとえば、計画経済に基づき、余剰資産のほぼすべてを生産手段の拡大に、すなわち生産的消費に捧げてきたソ連では、非生産的消費は完全に忌避されているのだから。

世界平和の鍵はどこに？

そこでバタイユが着目するのが、第二次世界大戦後に超大国となったアメリカが、一九四七年六月に発表したマーシャル・プランである。アメリカ国務長官ジョージ・マーシャルが推進したこの計画は、戦火に飲まれたヨーロッパ諸国の復興を目的としており、実際に四八年から五一年にかけて、無償援助を中心に総額百億ドルを超える経済的支援がイギリス、フランス、ドイツなどに施されている。

『呪われた部分』の分析によれば、「生産力の増大を放棄している」という点で、すなわち、アメリカ経済の余剰を自国の経済発展のために用いることを放棄している点で、マーシャル・プランは非生産的消費に近い。さらには、世界戦争を回避するための鍵にもなるという。原書では全面的に斜体（イタリック体）で強調されている、重要な一節を読んでみよう。

戦争の脅威のせいでアメリカ合衆国が余剰の相当の部分を平然と――見返りを求めず――世界的な生活水準の向上に差し向けるのならば、その限り、唯一その限り、経済の動きは、生み出されたエネルギーの余剰に戦争とは別の捌け口を与えるようになり、人類は

平和裡に人類の問題の全般的解決へ向かうだろう。

脱自＝恍惚にいたる内的体験を晦渋な言葉で語っていた思想家が、ここでは世界平和の実現をごく平明な言葉で訴えていることに驚くかもしれない。もっとも、マーシャル・プランはヨーロッパ諸国の復興をもたらした反面、ヨーロッパ全体が東と西のブロックに分割する動きを加速させ、長らく続く冷戦のひきがねともなった。それを思い出せば、この計画によって「**人類は平和裡に人類の問題の全般的解決へ向かうだろう**」という予測は、若干の素朴さを免れないようにも見える。また、地球規模での全般経済学の試みたる『呪われた部分』の結論が、戦争回避と生活水準の向上、そのためのマーシャル・プランの支持に留まるのならば、著者自身も記しているように、「ある意味でこれは期待はずれであるし、意気消沈させる」かもしれない。

しかしながら、これまで見てきたバタイユの思想を踏まえ、『呪われた部分』を読むのならば、その射程が見えてくる。まずは、企てと至高性の対立を振り返ってみよう。往々にして人間は、将来手にすべき成果を推測して現在時に行動するといった、企てと行動のサイクルに嵌まり込んでいる。こうした在りかたは、現在という時間および現在の自分を将来の目的に従属させるという点で、隷属的だとされていた。対照的に、明瞭な自己意識が脱自＝恍惚のなかで解体する内的体験では、将来の利益に向けた行動を意識的に企てることが不可能となる一方で、企てと行動への隷属から解放された「何にも従属しない瞬間的な生の自律性」を、すなわち至高性を人間は生きるとされていた。

以上に鑑みると、将来の利益を目ざして富を消費する生産的消費は、バタイユの思想では企てと隷属の側にある。実際、『呪われた部分』でも、生産的消費に従事した人間は「自分の資源を増加させることで、現在の自分を将来成るはずの自分に従属させている」という点で「自律性を失ってしまう」と記されている。それとは対照的に、もう一つの消費の形態である非生産的消費は、富やエネルギーを見返りもなく現在時において無駄に浪費し、燃やし尽くすという点で、至高性の側に位置づけられよう。

こうして、やや短絡的で乱暴な構図とはなるが、一方には「生産的消費—企て—隷属」の軸が、他方には「非生産的消費—至高性—自律性」の軸が見えてくる。両軸に沿って、『呪われた部分』の結論部分の一節を読んでみたい。「重要なのは、意識が**何らかの物**への意識であることをやめる瞬間へ到達すること」であり、「言い換えれば、増加（**何らかの物**の獲得）が消費へ解消する一瞬間の決定的な意味を意識するということ」である。入り組んだ記述だが、重視されているのは、生産的消費や企てに、すなわち将来獲得すべき何らかの事物に従属している人間の意識を、増加ではなく純粋な消費を本質とする非生産的消費へと転じさせることだと解釈できる。

確かに非生産的消費は富の無駄遣いとして、現代では忌むべき行為ないし「呪われた部分」として反感や嫌悪を買っている。だが、こうした呪詛《じゅそ》を振り払い、企てと将来への従属から逃れて、現在時における富やエネルギーの蕩尽へと意識を向け直すのならば、至高性ないし「何にも従属しない瞬間的な生の自律性」を人類は取り戻せるかもしれない。見返りを求めない莫大な富の贈与としてのマーシャル・プランはその契機となりうる。それが同計画をバタイユが支持する大きな理由の一つなのだろう。

生産的消費に駆り立てられた人間と世界は、さらなる兵器や核兵器の生産へと、軍事力や支配圏の拡大へと加速度的に進んでいく。だから、世界戦争へと向かう歴史の流れに歯止めをかけるために、『呪われた部分』は非生産的消費の重要性を訴えつつ、さらには、人間の自律性や至高性にも訴えかけることで、独自の視座から世界平和の実現を呼びかけているのだ。

なお、長年の親友であったミシェル・レリス（詩人、民族学者）の言葉を信じるならば、バタイユは同書が果たす貢献によって、ノーベル平和賞が舞い込むかもしれないとも考えていたそうである（『呪われた部分』出版の四年後に同賞を授かったのは、その著者ではなくマーシャル・プランの推進者であるジョージ・マーシャルだったが）。

Ⅳ　豊穣な文学世界——『マダム・エドワルダ』『文学と悪』

「あたしは神なのよ……」

哲学、経済学、社会学、歴史学、考古学、宗教学などの同時代的な知的成果を取り入れながら、多面的な思索と執筆活動を展開したバタイユは、若いころから文学にも強い関心を抱いていた。複数の文芸批評、詩、そして小説を書いている。

代表的な小説を挙げるならば、球体（眼球、卵など）に対する異様なフェティシズムを持つ少年少女と、彼らによる神父の凌辱、殺害、死体損壊を描き出す『眼球譚』。死と死体と屍姦への不安と誘惑に揺れる男を描く『青空』。謎めいた娼婦との一夜を語る『マダム・エドワルダ』。愛人の死後、性行為と排泄行為が交錯する狂乱の宴の果てに、自らの命を絶つ女性を語った『死者』。肉欲にとり憑《つ》かれ、愛する弟と女性をナチの秘密警察に売り渡して死ぬ聖職者を描いた『C神父』。初心《うぶ》で敬虔な息子を淫蕩の世界へと導く母親の姿と、近親相姦的な愛欲が綴られた『わが母』。バタイユのフィクション作品では、紋切り型の道徳的規範が色を失うかのような死と性愛の世界が、私たちを待っている。ここでは、代表作であり、日本でも古くから読み知られてきた『マダム・エドワルダ』を取り上げたい。

夜のパリを舞台にしたこの一人称小説のなかで、おそらく一番有名な場面をまずは引用しよう。娼館「鏡の間」にて、裸の娼婦エドワルダと酒に酔った主人公の男は、情事に及ぶ前にこんなやり取りを交わしている。

「あたしのぼろ切れを見たい?」と彼女は言う。

私はテーブルに両手をつき、女のほうを振りむいた。彼女は椅子に腰を下ろして、片方の脚を高く持ち上げていた。割れ目をもっと広げるために、両手で皮膚をひっぱったところだった。すると、エドワルダの、毛むくじゃらで、ピンクの、いやらしい蛸《たこ》のように生命あふれる「ぼろ切れ」が私を見つめていた。私は口ごもりながら、ゆっくりと尋ねた。

「なんでそんなことをするんだ?」

「わかってるくせに、あたしは**神**なのよ……」

「俺は頭がおかしくなったのか……」

「とんでもないわ。見なくっちゃだめ。見るのよ!」

神を名乗る娼婦エドワルダは、自らの性器を主人公の男に広げて見せるのみならず、それをよく見よとも強く命令する……。頭が真っ白になるようなこの場面は、当然のことながら、多くの作家、批評家、研究者の考察の対象となった。もちろん、作家マルグリット・デュラスが、「エドワルダはこれから数世紀のあいだ、理解不可能な存在のままであり続けるだろう」とも評するように、唯一絶対の解釈は存在し得ないのだが、たとえば、三島由紀夫は次のような分析を試みている。「そして小説に出現する神として、女が選ばれたのは、精神と肉体の女における根源的一致のためであり、女のもつとも高い徳性と考へられる母性も、もつとも汚れたものと考へられる娼婦性も、正に同じ肉体の場所から発してゐるといふ認識に依るのであらう」。

すなわち、セックスワーカーであり神でもあるエドワルダは、娼婦性と母性、下劣と崇高、汚濁と神聖などの相反する価値を同時に（とりわけ女性器という「同じ肉体の場所」で）体現している女性である。したがって、『マダム・エドワルダ』は型破りな性愛小説であるのみならず、特異な見神体験をモチーフにした文学作品でもある。このような指摘が、三島のみならず複数の論者によってなされている。

あるいは、小説『マダム・エドワルダ』を、同時期に執筆されていた思想的著作『内的体験』と重ね合わせて読むことも可能かもしれない。というのも、作者自身がジャンルの異なる両作品の深いつながりに言及しているからだ。たとえば、一九五六年に再版された『マダム・エドワルダ』の序文の草稿には、「この二つのテクストは、私の考えでは密接に関連し合っており、一方なしには他方を理解することはできない」と記されている。二つの作品に相互補完性があるのならば、『内的体験』で綴られた思想、とりわけ非‐知などは、『マダム・エドワルダ』を読む際の一つの鍵となるだろう。

非‐知が溶け込むパリの夜

「**非‐知は裸にする。**この命題は絶頂である〔……〕」。すでに見たように、脱自＝恍惚に特徴づけられる内的体験の極限（および絶対知）では、主体は非‐知に転じ、客体ないし対象の意味は剝奪され、明瞭な知的認識も不可能となる。こうした既成の意味のヴェールを剝ぎ取っていく非‐知の作用を、横田祐美子は著書のなかで、「脱ぎ去りの思考」と呼び、バタイユ思想の中核に据えている。その上で、『内的体験』と『マダム・エドワルダ』を往復しながら、両作品に通底している非‐知ないし脱ぎ去りの思考を、娼婦であり神でもあるエドワルダの姿を中心にして、精緻に分析する。そして、「エドワルダは明晰判明な客体としての在りかたを拒絶して」おり、「規定や把握、所有や我有化、停止や持続を逃れるものへと横滑りするように変化する」と説得力豊かに論じている（横田祐美子、『脱ぎ去りの思考 バタイユにおける思考のエロティシズム』、人文書院、二〇二〇年、二二二ページ、二三〇ページ）。

こうした鮮やかな研究を参照するならば、次のような解釈も可能かもしれない。たとえば、小説『マダム・エドワルダ』にて、既成の意味を脱ぎ去り裸となり、明晰に把握できない何かへと転じていくのは、一糸まとわぬ姿で自らを神と称した娼婦だけではないようにも見える。この小説では、物語の舞台である夜のパリも、あるいは夜そのものが、既成の意味を脱ぎ捨て裸になっていくのだから。ますは、冒頭付近の一節を読んでみよう。

ひと気のない通りで、夜が裸になっていた。私も夜と同じように裸になりたくなった。ズボンを脱いで、腕にひっかけた。夜の冷気に馬乗りになりたかったのだ。目もくらむような自由が私を包んだ。

夜は、当たり前の日常的空間といった意味合いを剝奪され、自由ないし性的放縦をかき立てる全裸の女性にも似た何かとして、のっけから読者の前に姿を見せる（ちなみに、フランス語の名詞「夜〔nuit〕」は女性名詞）。だが、夜はこうした姿と意味づけを再度奪われ、星々と空虚と狂気をまといながらその新たな姿を見せる。情事の後に、エドワルダと一緒に夜の街に出た主人公は、自分から逃げるように唐突に駆けだした彼女を前にしてこう語る。「奇妙なエドワルダ、私たちの頭上には、星を散りばめた、からっぽの、狂った大空」。

さらには、エドワルダがサン＝ドニ門の下に逃げ込み、その姿が影に溶け込み見えなくな

パリ10区のサン＝ドニ門。古くからこの界隈は歓楽街として知られる

るとき、夜の闇は死と苦悶が充満した何かとして今度は姿を現わす。「死の暗闇が丸天井から落ちている。まったく思ってもみなかったことなのに、断末魔のときが始まっていることを私は「知っていた」」。このように、新たに付与された姿や意味（裸の女性、自由、空虚、狂気、死の苦悶……）を知っては、再度それらが剝ぎ取られていく夜のなかを、主人公ないし話者はエドワルダとともに当てもなくさまよう。最終的には停止したタクシーのなかで、先ほどまでの運転手との激しい情交の果てに眠りこむエドワルダに静かに寄り添いながら、主人公の男は、わけもわからず無意味に存在している自らを呑みこむ広大な何かとして、夜を感じ取る。「広大なもの、夜が存在を包囲する、存在がわざわざそこにあるのも……「わからない」がためなのだ」。

あたかも物語世界全体が非‐知に浸食されているかのように、パリの夜も、そのなかをさすらうエドワルダも主人公も、安定した自己同一的な意味のなかに身を落ち着けることができない。言うなれば、慌ただしく意味を奪われては与えられ、与えられては奪われていく

「わからない」存在として描かれているのだ。それでは、全知全能の神であれば、あるいは神を自称したエドワルダならば、決して剝奪されることのない永遠にして絶対的な何らかの意味を認識できるのか。そうした意味をすでにわかっているのだろうか。「「わかっている」のならば**神**は豚だろう」。こんな壮絶な話者の捨て台詞とともに、最終的な答えは読者に委ねるとでも言わんばかりに、この短い物語は終わりへと向かう。

至高性と交流

『マダム・エドワルダ』のような荒唐無稽にも見えるバタイユの小説を読み解こうとするならば、『内的体験』などの思想的著作を参照すべきなのだろう。ただし、文学作品は一つの理論や思想に完全に還元されないのもまた確かである。本書にて繰り返し述べているように、絶対的なただ一つの解釈を拒絶する点にこそ、文学作品の豊かさや自律性があるのだから。この点を改めて確認するためにも、作家論にして文学論でもあるバタイユ晩年の評論集『文学と悪』を紐解いてみよう。

文学とは何か。アリストテレスの『詩学』以来、文学の本質をめぐる問いや考察はそれこそ無数に生まれたのだが、バタイユは、文学とは作者と読者との「交流（communication）」であり、「真の文学の使命は、読者との根本的な交流への欲求のなかにしか考えられない」

と記す。ただし、「私が言っているのは、大勢を安上がりにたぶらかすために書かれた大量の本のことではない」とも注意を促す。実は、バタイユの述べる「交流」とは、その字面の平明さに反して、非常に難解な概念なのだが、少なくともそれは、安易な感情移入や共感を大衆にもたらす文章の量産とはかけ離れているようだ。それでは、どのような作者と読者の交流が、文学作品を介して目指されているのか。

思い出してみると、作者は読者の読解の自由を、読者は作者の創造の自由をたがいに呼びかけ会う場として、サルトルは文学を捉えていた。バタイユもまた文学を呼びかけとみなすのだが、それは「至高な人間性」への呼びかけである。

文学とは交流である。それは一人の至高な作者から生まれ、一人の孤立した読者の隷属性を超えて、至高な人間性に呼びかけるのである。

至高ないし至高性とは、将来の何らかの利益や成果を目ざした行為に隷属することなく、現在時を現在時のために生き尽くすといった自律的な在りかたを指していた。バタイユは、こうした至高性を、「真の」文学がもたらす交流の本質と定めるのだが（「至高性とは常に交流であり、強い意味での交流とは常に至高のものでしかない」とも述べる）、その理由を少し探ってみよう。

まず、「至高な作者」は、たとえば、自らをとりまく社会への従属や、特定の政党やイデオロギーや信仰への隷属を拒む作家は、「人間の至高の部分に発して、至高の人間性へと語りかける至高の言葉」を読者に発信する。そして、こうした「至高の言葉」を受信した者たちもまた、それに触発されるかのように、「一人の孤立した読者の隷属性を超えて」至高な人間となりうる。このような至高性の伝達ないし交流が成立するのならば、文学作品とは、作者も読者も孤独や孤立から脱却して、至高性を共有する者たちとして出会い、対話する場となるだろう。

こうした場の創出が、バタイユの言う「真の文学の使命」だと考えられる。もっとも、そこで最終的に求められるのは、作者と読者の相互理解のうえに成り立つ調和した関係ではなく、むしろその反対ではないかとも推測される。たとえば、一般的に言っても、たとえ作者が何らかのメッセージを文学作品に込めたとしても、それを正しく読みとるよう努める義務は読者にはない。隷属を拒む至高な読者であれば、その義務はさらにないだろう。だから、読者がどのように作品を受容するかは作者には知りえない（そもそも、どんな人間が自作品を読むのかさえも）。

同様に、読者が作者のメッセージを正しく解読できたと思っても、果たしてそれが本当に正しいのかを確かめるすべもない。だから、読者にとっても文学作品およびその作者は、完全には知り尽くせぬ存在に留まる。もっとも、「大勢を安上がりにたぶらかすために書かれた大量の本」の作者ならば、自らの作品の正しい読みかたなどを一般向けに公表するのかもしれないが、隷属を拒む至高な作者には、このように読者におもねる義務もない。

結果として、「強い交流は、互いが互いを、あるいは互いたちが互いたちを映し出している意識たちを、彼らの「最終地点」であるこの不可知性へとゆだねるのだ」と言うように、バタイユにとって「真の」文学作品とは特異な共同空間となるのだろう。そこでは、作者と読者は互いに知り尽くせぬ「不可知」の存在として結局は隔てられている。だが、隔てられているがゆえに、互いに慣れ合うことも依存することもなく、誰にも何にも隷属しない「至高な人間性」を共有する同士ないし同志として、出会い、共鳴し、強い交流を果たしうる。分かたれた人間たちが、それでも至高性を分かち合いながら共存する不思議な場所《トポス》。たとえば、哲学者ジャン＝リュック・ナンシーは、分割すると同時に共有するという意味を持つ「分有《パルタージュ》（partage）」という語を格子にして、バタイユの共同体論の解釈を試みている。

いずれにせよ、バタイユの小説を読む時には、独りぼっちで自分の世界に引き籠り続けるのは難しい。読者は、ステレオタイプな価値観や常識への隷属をあざ笑うかのような物語世界へと引きずり込まれ、戦慄と驚愕のなかでその未知なる創造者と遭遇し、交わりはじめるのだから。本名を伏せて変名で出版された小説『マダム・エドワルダ』、その前書きに仕掛けられているのも、この種の交流への巧みな呼びかけなのかもしれない。

君があらゆるものを恐れているのなら、この本を読みたまえ〔……〕。一冊の本など、無力なものに見えるだろう。確かにそうかもしれない。だが、よくあることだが、君が本の読み方を知らないとしたら？　君は本当に恐れる必要があるのか？　君は独りぼっちか？　寒気がしているか？　君は知っているか、人間がどこまで「君自身」であるか？

第6章　せめぎ合う思想と思想

　ここまで本書がその来歴、作品、思想などを紹介してきた人物たちは、戦中から戦後にかけてパリを中心に仕事をしていたこともあり（バタイユはやや例外で戦後はパリを離れ、フランス中部のヴェズレーなどを住処とした）、互いに面識や接点があったし、共通の知人にもことかかなかった。雑誌『現代』の運営に共同であたっていたサルトル、ボーヴォワール、メルロ＝ポンティは公私ともに親密な関係にあった。サルトルやバタイユが、カミュが主筆を務めていた日刊紙『コンバ』に寄稿することもあった。

　だが、彼らの思想の根本的な相容れなさが顕在化することによって、あるいはドイツによるフランス占領から解放へと、戦後の混乱期から冷戦の開始へと歴史のページがめくられていくにつれて、彼らのうちの何人かは真っ向から対立し、場合によっては激しく論を戦わせた。本章からは、彼らのあいだで交わされた批判や議論を時系列順に紹介し、対立の争点を分析しながら、それぞれの思想や立ち位置の異同を測る。

1　主体的意識をめぐる攻防——サルトルとバタイユ

「反知性主義者バタイユ」？

サルトルは哲学と文学を筆頭に多岐にわたる領域で健筆を振るい、時事的な問題に対する発言や介入も辞さない全体的知識人であった。それゆえに、熱狂的な支持や賞賛の声ばかりでなく、数々の批判や中傷も一身に受けたし、複数の論争にも巻き込まれたのだが、そのほとんどを制することで知識人界の覇権を握り続けた。サルトルはフランスきっての論客としても名を馳せたが、第二次世界大戦中に書かれたバタイユ論にも、論敵を一刀両断にする批評家の顔が随所に現れている。

一九四三年春に刊行されたバタイユの『内的体験』を論じた「新しい神秘家」は、同年一〇月から一二月にかけて、『カイエ・デュ・シュッド』誌に掲載された。すでに見たように、『内的体験』は知力を絶した脱自＝恍惚の体験を、論証形式ではなく断章形式で綴った著作である。言葉では明晰に語りえないものを、それでも苦心して言語化しようとすれば、表現の過剰や誇張、あるいは言い淀みなどが生まれるのは必定なのだが、こうした『内的体験』

の文体はとりわけ注目に値するといった賛辞が、まずはサルトルより贈られる。だが、その後は、同書は哲学的著作というよりも、「神秘主義の初心者のために」執筆された「一つの〈福音書〉」「教化的物語」「黒い汎神論」などとみなすべきであり、いわばキリスト教を焼き直した新興宗教の手引書だとのジャッジが続く。そして、その著者も「新しい神秘家」であるのみならず、「反知性主義者」にして「狂人」であると裁断されたのちに、最終的には次のような結論がくだされる。

したがって、この役立たずの〔内的〕体験よりも、人びとはこれらのページのなかに身を委ねているバタイユという人間に関心を寄せるだろう〔……〕。だが、ここで文芸批評は自らの限界を見出す。残りは精神分析の仕事だ。

バタイユには精神鑑定が必要とまで言うサルトルだが、『内的体験』およびその著者を完全には摑《つか》みきれなかったからこそ、唐突かつ辛辣な言葉で四〇ページを超える批評を閉じざるを得なかったのかもしれない。また、哲学的主著『存在と無』を刊行して間もないこともあってか、評論「新しい神秘家」には、激しい対抗意識も見え隠れしている。たとえば、次の一節が示唆するように、バタイユとは断じて折り合わないばかりか、『内的体験』で断片的に示された思想は自らの哲学の根幹を揺るがしかねない、とサルトルは考えていた節もある。

いま、私〔＝サルトル〕にはわかる、彼〔＝バタイユ〕のために、私は何一つなすことができないし、彼も私のために何一つできないだろうということを。私の眼には彼はまるで狂人のように映るし、また彼が私を狂人とみなしているのも、私は知っている。

両雄並び立たずどころか、互いが互いを狂人とみなす異様で突飛な事態はなぜ生じたのか。評論「新しい神秘家」では必ずしも明言されていないものの、「企て」と「投企」をめぐる両者の思想的断絶が大きな理由の一つなのはほぼ間違いない。なお、バタイユが『内的体験』で批判している「企て」も、サルトルが自らの哲学の中枢に据えている「投企」も、原語にあたるフランス語はともにprojetであることはすでに述べた。もっとも、『内的体験』執筆時に『存在と無』は未刊行だったので、バタイユはサルトルからprojetという語を借りてきたわけではない。サルトルの分析によれば、ハイデガーの著作のフランス語訳からの借用であるという。

まずは、企てに対する『内的体験』の批判を思い出してみよう。人間は何らかの目的を企て、その実現のために行動を起こす。たとえば、食べるために働き、明日の労働の力を得るために食べるといった具合に。だが、こうした企てと行動のサイクルに従事した人間のあり方は、バタイユによれば隷属的である。現在の自分および現在時を未来の目的に従属させているのだから、「企てとは、明らかに奴隷の行為」なのだ。そこで、企てや行動の「正反対」とされる内的体験が徹底的に掘り下げられる。明瞭な自己意識が解体するような特異な恍惚体験のもとでは、将来のための行動を意識的に企てることは不可能となり、「瞬間の自由」のなかで、人間は現在という時間を打算なく生きる至高な存在となる、と示したのだ。

こうした思想をサルトルは受け入れられないだろう。事実、彼は一歩も譲らずこう切り返す。「内的体験は企ての反対物だと私たちは聞かされている。だが、著者のこうした考えにもかかわらず、私たちは企てで*ある*」。というのも、サルトル（およびボーヴォワール）の実存主義の根本理念によれば、人間とは企てないし「投企」であり、「超越」であり自由である。何らかの目的を常に企て、その実現に向けて自らを未来へと投げる（投企する）ことで、これまでの自分に拘束されることなく、それを不断に乗り越えていく（超越していく）点にこそ、人間の自由の深遠な根拠があるのだ。

だが、こうした思想をバタイユは受け入れられないだろう。端的に述べれば、企てあるいは投企のなかにバタイユは人間の隷属のしるしを、サルトルは人間の自由のあかしをそれぞれ読み取っているのだから、両者は相容れないどころか、互いの眼に互いが狂人のように映ってもおかしくはない。

そこで、サルトルは対立と膠着《こうちゃく》を打破せんとするかのように、企ての反対物とされる内的体験を新たな企てのための有用な手段と解釈することで、いわば論敵の思想を換骨奪胎し、自らの思想の圏内に取り込もうとする。

したがって、バタイユ氏の語るような心的状態が求められるべきものであるにしても、それは新たな企ての基盤として役に立つからである。〔……〕バタイユ氏が私たちに勧める歓喜は、もしもその喜び自体にのみ立ち返らねばならないのならば、もしもそれが新たな企ての連鎖のなかに組み入れられ、新たな人間性——新たな目的に向かって自分を乗り越えていく人間性——を形成するのに貢献することが許されていないのならば、それはグラス一杯の酒を飲む快楽、あるいは浜辺で日光浴をする快楽と同様に価値のないものになってしまうのだ。

それでは、内的体験がもたらす恍惚や歓喜を基盤にして、具体的にはどのような仕方で、新たな目的や人間性へと向かう企てを用意できるのか。興味深い問いではあるが、サルトルはもうそれ以上は踏み込まず、先に述べたようにバタイユには精神鑑定が必要だという診断をくだして、評論「新しい神秘家」を結んでいる。

「自分では何も熟させなかった哲学者」?

すでに見たように、内的体験とはいかなる宗教的信仰にも依拠しない脱自＝恍惚の体験だとバタイユは明言していた。「私は神秘的という言葉を好まない」とも彼は言う。さらには、内的体験の極限に現れる非‐知がなおも知の一種であるという究極の可能性にも言及していた。はたして彼は、自らを新興宗教の布教者、新しい神秘家、反知性主義者などと断定したうえで、一方的な批判を展開したサルトルに対してどう切り返したのか。以外にも即座には応酬しなかったし、両者の関係も完全に決裂したわけではなかった。

たとえば、ボーヴォワールの証言によれば、サルトルが評論「新しい神秘家」でバタイユを攻撃した翌年の一九四四年三月に、二人ははじめて出会う機会を持ち、その後は共通の友人であるミシェル・レリスの家で、ともに酒宴に興じることも幾度かあったそうだ(ちなみに、ボーヴォワールは、『内的体験』は、私をいらだたせた箇所もあったが、強く感動させた箇所もあった」とサルトルに比べて好意的な評価をバタイユに寄せている)。二人の対立が完全に解消されたかは不明だが、「新しい神秘家」以降、サルトルがバタイユの著作に反応して批判の筆をとることがなくなったのは、少なくとも事実である。
とはいえ、サルトルの辛辣な批評に対してバタイユが黙り続けていられなかったのも事実だ。まずは、一九四五年に出版された『ニーチェについて』の補遺である「ジャン＝ポール・サルトルに答える」のなかで、『内的体験』および自らの思想の擁護をおこなっている。たとえば、自らを「新しい神秘家」「反知性主義者」と裁断し、さらには内的体験がもたらす恍惚や歓喜を、新たな人間性に到達するための企ての基盤として解釈しようとするサルトルに対し、内的体験は企ての正反対である以上、それは何らかの目的にも、もちろん神にも虚無にも到達しないと、バタイユは自らの思想的立場を改めて明言する。さらには、「私はいいいいいいいい決して到達することはない」とも断言したうえで、サルトルに向けて宣言する。

私たちから期待できることは、できる限り遠くへ行くことであって、到達することではない。反対に、依然として人間的に批判されて然るべきものとなっているのは、企てである。達成される瞬間に関係づけられてはじめて意味を持つ企てだ。私はもっと遠くへ進むことができるだろうか。自分の全努力の整合性などは期待しない。私はもっと遠くへ行く。

ここでは、将来に到達すべき何らかの目標に隷属した企ての観念（ないしはサルトル哲学の根本理念である投企）が新たに批判されていると同時に、それを超えて「私はもっと遠くへ行く」と、バタイユが決意表明しているのが注目されよう。さらには、完成されずに構想の内に留まった『非‐知の未完了の体系』の関連草稿にも、『内的体験』の擁護およびサルトルへの反駁《はんばく》が散見される。たとえば、「私は自分の思考にふさわしい形を与えることができなかった」とバタイユは認めつつも、『内的体験』に対するサルトルの批判もまた皮相で短絡的であり、「不幸なことにサルトルは仕事が拙速だ」と記している。

あるいは、「自分では何も熟させなかった哲学者に対して抗議すること」という言葉も見られ、本格的な反論の機会を窺っていたとも思われる。結局、バタイユはまとまったサルトル論を書かなかったのだが、晩年の評論集である『文学と悪』には、永遠の好敵手に言及した興味深い一節が読み取れる。

彼〔＝サルトル〕は事物の不可知性をよく見てとった（『嘔吐』ではそれを強調している）。〔……〕しかし、彼は事物と主体の対立を正確な仕方で位置づけなかった。彼にとって、主観性とは明晰なものであり、明晰なるものこそが主観性なのだ！〔……〕他方では、主観性が、いつも無媒介的に私たちに与えられるあれらの瞬間に〔……〕、日常の事物の理解可能性と比較して、より一般的に言えば、客観的世界の理解可能性と比較して、主観性がまさしく理解不可能なものとして現れてくるあれらの瞬間に、サルトルは十分な注意を向けなかったのだ。

バタイユは『内的体験』以来、事物や対象の意味が剝奪される「非 - 知」という特異な知の様相を探究したのだが、サルトルの処女小説『嘔吐』でも、眼前の事物から意味が抜け落ち、むき出しの存在が出現するといった異様な体験が描かれていた。すなわち、事物や世界の「不可知性」や不可解さ（サルトルやカミュだったら不条理性と言うだろうか）をめぐっては、その出発点ではバタイユとそう遠くない場所にいたのかもしれない。だが、常に新たな何かを企て、未来に向けて現在の自分を乗り越えていく人間の明晰《クリア》な意識を拠りどころとする主体の哲学の構築へとサルトルは向かった。だから、事物のみならず、人間の主体的意識もまた、明晰なものではなく、理解不可能なものとして現れる瞬間を見落としてしまった。

あるいは、そうした特異な瞬間を知らないわけではなかったものの（少なからずそれを証言するかのように、吐き気ないし「おぞましい恍惚」のなかで公園のマロニエの樹の根と対峙した『嘔吐』の主人公は、自己についての自明な意識はもはや崩れ去り、私の主観的意識は、というよりも端的に「私はマロニエの根となっていた」とも語っている）、あえてそこには深入りしなかった。以上が、バタイユのサルトル批判の要諦であるだろう。

裏返せば、主観的意識が自明で安定したものではなくなり、明晰な認識も企ても不可能となる諸々の瞬間こそが、バタイユの知的ないし哲学的探究における主戦場であり独壇場であったとも言える。そして、こうした瞬間を到達点ではなく出発点として（「意識が欠落すれば、その時点においてこそのみ、哲学ははじまることができるだろう」とも彼は述べる）、「私はもっと遠くへ行く」と、かつてサルトルに対して宣言していたのだろう。たとえば、内的体験の恍惚のなかで明瞭な主観的意識が崩落する瞬間。あるいはすべての知を獲得して、それ以上何かを知ることも、知ろうと企てることすらも不可能となる瞬間。こうした局面で、自己も世界も自明なものから理解不可能なものへと転じる「非‐知の夜」が訪れ、人間は「可能事の極限」へとおもむくのだと、バタイユは『内的体験』でも以降の著作でも、難解な言葉で繰り返し述べていた。「非‐知から出発して新たに可能な知があるのです」とも、一九五二年の非‐知についての講演原稿には記されている。

サルトルに言わせればバタイユは「反知性主義者」となり、バタイユに言わせればサルトルは「自分では何も熟させなかった哲学者」となる。この二つの評のいずれが正しいかを問うても不毛だろう。だが、少なくとも、サルトルが思索や知の対象として十分に熟させることがなかった「主観性がまさしく理解不可能なものとして現れてくるあれらの瞬間」を、明瞭には知られざる「非‐知の夜」や「可能事の極限」を、バタイユは「できる限り遠く」まで進もうとし、理路整然とした言葉では語りえぬと知りつつも、それでも読者に向けて語り続けたのは確かである。

「自分では何も熟させなかった哲学者」というバタイユのサルトル評。その背後には、未踏の極地を一人進むかの如き困難に満ちた自らの仕事、そのうえ大勢の理解や共感を得ることも難しい孤高の仕事に対する、自負と矜持《きょうじ》が息づいているのかもしれない。

II　正義と暴力――カミュとメルロ゠ポンティ

激昂するカミュ、自制するメルロ゠ポンティ

一九四六年のとある秋の夜。トランペット奏者としても鳴らした鬼才の作家ボリス・ヴィアンの家で夜会が催された。会席者には、サルトル、ボーヴォワール、そして『ヒューマニズムとテロル』の前身にあたる論考「ヨガ行者とプロレタリア」を発表したばかりのメルロ゠ポンティもいた。一一時頃、南仏旅行から戻ってきたばかりのカミュが遅れてやってくると、場の雰囲気は一変する。サルトルの回想を引用しよう。

ある夜、ボリス・ヴィアン宅で、カミュがメルロはモスクワ裁判を正当化していると言

って責め、そして非難した。それは痛ましかった。私はいまなお彼らの顔が目にうかぶ。カミュは激しており、メルロ＝ポンティは少し青ざめているが、丁重にして毅然たる様子であった。カミュは激情を誇示してみせるが、メルロのほうは自制している。突然、カミュは身をひるがえして出ていってしまった。

ヴィアン（1920〜1959）。その前衛的な小説は没後サルトルらによって再評価された　AP/アフロ

　カミュの激昂の理由を知るために、まずはメルロ＝ポンティの『ヒューマニズムとテロル』の要旨と執筆経緯を思い出そう。同書は、世界的な反響を巻き起こしていたアーサー・ケストラーの小説『真昼の暗黒』に対する反論として執筆された。この小説は、ソ連の指導者であったスターリンによる弾圧や恐怖政治、とりわけ粛清裁判として知られるモスクワ裁判を題材にしており、共産主義体制が内包する暴力を告発していた。

　これに対して、『ヒューマニズムとテロル』でのメルロ＝ポンティは、「暴力をつうじて新たなものを創造することによってしか暴力を超えることはできない」という進歩的暴力の理論を展開する。ソ連は「唯一の歴史哲学」であるマルクス主義に基づき、暴力や階級格差が消滅するような社会の実現を目指している。だから、こうした実験下で振るわれる政治的暴力を安易に批判はできない。さらには、粛清裁判として悪名高いモスクワ裁判も「将来の勝利に貢献するがゆえに」、戦後のフランスで対独協力者に対しておこなわれた「粛清裁判ほど残酷ではない」とも彼は記していたのだった。

こうした見解を、カミュはモスクワ裁判のみならず、進歩的であることを免罪符になされる暴力の容認と解釈して、一方的に怒りをぶつけたのだと考えられる。たとえば、階級なき社会の実現といった輝かしい未来のためならば、どんな卑劣な暴力やテロも容認されるのか。「目的は手段を正当化する」のか。以降、カミュはこうした問いに真っ向から取り組むことになる。

ヴィアン宅での一件以来、二人は決裂してしまう（ちなみに、その数週間前にケストラーがパリにやって来ると、カミュはすぐさま親密な友情を結んだ、とボーヴォワールは回想している。彼の小説に対する批判的考察を発表したメルロ＝ポンティに食ってかかった背景には、友情から来る義憤もあったのかもしれない）。その後のカミュは『ヒューマニズムとテロル』やその著者を公に批判はしなかったものの、進歩的な暴力は許容すべきだというロジックにはことあるごとに反発を示した。

たとえば、一九四八年、作家であり共産党の同伴者であったエマニュエル・ダスティエ・ド・ラ・ヴィジュリとの論争の際には、このように述べている。「もし、あなたが推奨する暴力が、私たちの哲学者兼傍観者たちが言うように、より進歩的なものであるにしても、私はそれでも暴力を制限しなければならないと言うでしょう」。この「哲学者兼傍観者たち」の一人が暗にメルロ＝ポンティを指しているのは間違いない。あるいは、カミュは文学創造を通じて、メルロ＝ポンティおよび進歩的暴力の理論を間接的に問題にしたようにも見える。小説『ペスト』とエッセイ『反抗的人間』とともに「反抗三部作」を構成する戯曲『正義の人びと』を紐解いてみよう。

「目的は手段を正当化する」のか――『正義の人びと』

テロリストたちの葛藤を描いたこの戯曲は、『ヒューマニズムとテロル』の公刊から二年後の一九四九年に初演がおこなわれた。舞台は二〇世紀初頭のロシア。冷徹な革命家のステパン、詩人肌のカリヤエフなどからなるテロリスト一団は、圧政者であるセルゲイ大公の暗殺を企てている。

その決行の日、馬車に乗ってやって来る大公に爆弾を投げるのがカリヤエフの役目であったのだが、なぜか彼は爆弾を投げない。馬車のなかにいる二人の子ども（大公の甥と姪）の姿が目に入ったからだ。暗殺が失敗に終わると、圧政者を謀殺し、人民を解放するのが目的なのだから、罪なき子どもを巻き込めないというカリヤエフの意見に、同志であるアネンコフやドーラは理解を示す。たとえテロリストであっても、人間には超えてはならないタブーないし「限界」が存在するともドーラは言う。だが、鉄の意思を持つ革命家のステパンは、ドーラやカリヤエフらの考えを退けて、次のように捲《まく》し立てる。

限界なんぞあるものか。君たちは革命を信じていない、それが真実だ。信じていないんだよ。もし君たちが全面的に、完全に信じてさえいれば、俺たちの犠牲と勝利によって、専制政治から解放されたロシアを、しまいには世界全体をおおうようになる自由の大地を打ち建てることができると確信していれば、そしてそのときこそ、人間が支配者と偏見から解放され、本当の神々のような顔つきで天を見上げることができるのだと疑いなく思っていれば、子どもが二人くらい死んだところで、いったいそれが何だっていうんだ？

人民を圧政から解放し自由を確立するためなら、無垢な子どもを殺しても何ら問題はないとステパンは豪語する（なお、「ステパン（Stepan）」という名前の綴りと発音は、数々の弾圧と粛清をおこなったソ連の指導者「スターリン（Stalin）」をどことなく想起させる。スターリンをフランス語式に発音すると「スタラン」となるのだから）。こうした鉄の信条は、メルロ＝ポンティが『ヒューマニズムとテロル』で提示した、進歩的暴力こそが選択されるべきだといった思想をさらに先鋭化させたものでもあるのだが、カリヤエフはステパンに対して躊躇《ちゅうちょ》なくこう切り返す。

でも僕は、自分と同じ大地にこんにち生きている人間たちを愛している、彼らに敬意を払っているんだ。彼らのためにこそ、僕は闘うのだし、死ぬこともいとわない。わかりもしない、遠い未来の都市のために、僕は自分の同志たちの顔をぶっ飛ばすことはできないさ。〔……〕同志諸君、僕は率直に言いたい、僕たちの国のもっとも素朴な農夫たちでも言えることだけど、少なくともこれだけは言いたいんだ。いいかい、子どもを殺すことは名誉に反することなんだぜ。

カミュは『シーシュポスの神話』で、やって来ないかもしれぬ未来よりも、いまここに確かに存在する現在時を最大限に生き抜くことを提唱していた。こうした現在時の重視に呼応するかのように、カリヤエフもまた、遠く不確実な未来における人民の解放よりも、こんなにち地上に存在している人間たちへの愛と敬意を優先させる。

だからこそ、「専制政治から解放されたロシアを、しまいには世界全体をおおうようになる自由の大地を打ち建てる」という崇高な将来の目的も、あらゆる手段を現在時において正当化するわけではないとカリャエフは反論する。どれだけ輝かしい人類史の未来を後ろ盾にしても、言語道断な行為はやはり言語道断なままなのだ。たとえば、名誉にも人類愛にも完全に反する無垢の子どもの殺害は、一度犯してしまえば決して取り返しがつかない。このように言い切るカリャエフのうちに、メルロ＝ポンティおよび進歩的暴力の理論に対するカミュの異議申し立ての一端が読み取れるだろう。

『正義の人びと』はカミュの戯曲のなかでも最大の当たりとなったが、メルロ＝ポンティは同作にも、以降の著作にも反応を示さなかった。とはいえ、一九五五年の『弁証法の冒険』では、たとえ革命的な暴力の果てに階級なき社会が実現されたとしても、そのために犠牲となった人間たちの命が取り戻されるわけではないと記している。そして、『ヒューマニズムとテロル』で展開した自らの思想を問い直すかのように、崇高な将来の目的のためにあえて求められる暴力とは、「故意に求められた真理」であり、「どんなことが起ころうが進む権利を与えてくれるのだから、それ自身狂気なのだ」とも述べている。

こうした言葉は、決裂したはずの作家の言葉とも期せずして響き合う。階級なき社会という人類史の崇高な未来ないし終焉が絶対視されれば、そして、その実現を目的とすると称すれば、どれだけ苛烈な専制や卑劣な暴力も免罪され、無軌道に際限なく振るわれてしまう。ゆえに「歴史の「終焉＝目的（fin）」とは独裁と恐怖政治《テロル》の原理なのだ」と、カミュも『反抗的人間』で強く警鐘を鳴らしているのだから。

第7章　歴史の狂騒との対峙

一九四六年、ヴィアン宅にてカミュがメルロ＝ポンティを激しく非難した際に、仲裁に入ったのはサルトルだった。それから六年後、サルトルはカミュとの本格的な論争に踏み切り、戦後フランス思想を牽引してきた二人の仲は完全に決裂する。本章では、歴史とりわけ現代史に臨む姿勢を争点にして五二年に生じた、いわゆるサルトル＝カミュ論争をまずは紹介することにしたい。

ナチ・ドイツによるユダヤ人の大量虐殺と広島・長崎への原爆投下を経てようやく終結した第二次世界大戦から、冷戦の開始を経て、米ソの対立により全面的核戦争の危機が高まっていく……。おびただしい殺戮と恐怖と緊張を生みだしながら、人類の歴史は止まることなく進行していくが、サルトルはこうした同時代的な歴史を「泥と血に満ちたプール」にも喩《たと》えている。カミュもまた「私たちの歴史」とは「私たちの地獄」なのだと言ってはばからない。

では、戦後フランス思想の両旗手はそれぞれどのような姿勢で、このような凄惨で予断を許さぬ現代史の流れと対峙したのか。そして、いかなる理由から激しく論を戦わせることになったのか。ときのジャーナリズムとマスメディアを大いに賑わせた、サルトル＝カミュ論争の経緯を振り返ってみよう。

I　歴史と人間をめぐって――サルトルとカミュ

両雄並び立たず

発端は、一九五一年一〇月に刊行されたカミュのエッセイ『反抗的人間』である。共産主義的イデオロギーを批判し、「歴史に対する反抗」を、すなわち、現代史のなかに見られる悪や暴力への反抗を訴えた同書は、当時のフランス論壇（とりわけ右翼陣営）からまずは好意的に受け入れられた。それに対し、サルトルが主催する総合誌『現代』の編集委員であった若き哲学者フランシス・ジャンソンが、「アルベール・カミュ、あるいは反抗する魂」と題した論文を『現代』五二年五月号に発表したことから、同誌を舞台にした論争の火蓋が切られる。

1944年6月16日、パリのピカソのアトリエにて。前列左からサルトル、カミュ、ミシェル・レリス、ジャン・オービエ（出版者）。後列左からジャック・ラカン、セシル・エリュアール（詩人ポール・エリュアールの娘）、ピエール・ルヴェルディ（詩人）、ルイーズ・レリス（画商、ミシェル・レリス夫人）、ザニ・オービエ（女優、ジャン・オービエ夫人）、ピカソ、ヴァランティーヌ・ユゴー（画家）、ボーヴォワール
Pablo Picasso et amis après la lecture du "Désir attrapé par la queue"chez les Leiris, dans l'atelier des Grands-Augustins, Paris, le 16 juin 1944 Brassaï, Halasz Gyula Paris, musée national Picasso - Paris

ジャンソンによれば、『反抗的人間』の成功はもっぱらその文学的価値に、とりわけ文体の美しさによるもので、思想の面では多くの欠陥を抱えた失敗作である。たとえば、近現代における反抗と革命の分析に際しては、それらが生起した歴史的、経済的要因が考慮されていない。したがって、カミュは「歴史のなかで、歴史に対する」人間の集団的反抗を分析し、さらにはそれを提唱しているにもかかわらず（「反抗とは、歴史の荒々しく形を欠いた運動のなかにあっても、常に私たちを毅然として立ち上がらせるものなのだ」とカミュは言う）、実際は歴史を無視しているのだとジャンソンは論難する。そして、「私たちは不断に歴史を作る」のだから、「もし少しでも世界の流れに影響を及ぼそうとするのであれば、反抗はゲームのなかに加わり歴史的コンテクストのなかに組み込まれる必要がある」と断じつつ、「なにはともあれ『反抗的人間』は失敗した偉大な書である」と論を結んでいる。

ジャンソンの不躾《ぶしつけ》で荒々しい批評に憤激したカミュは、「『現代』の編集長への手紙」と題した論文ないし公開状をサルトルに送りつける。そのなかで、ジャンソンは「歴史を作る」というマルクス主義ないし共産主義的立場から『反抗的人間』を批判しているのだが、階級なき社会の実現という歴史の「終焉＝目的（fin）」を想定するイデオロギーと、人間の根源的な自由を表明する実存主義とは根本的に折り合わないはずだと問い詰める。

すなわち、カミュは批判の矛先を、ジャンソンを無視して、『現代』の編集長であり、実存主義の首魁《しゅかい》であるサルトルへと公然と向けたのだ。なお、それまでのサルトルは、非共産主義的な左翼連合の構築を模索していたものの、論争の直前に『共産主義者と平和』と題された長大な論考を発表。共産主義に歩み寄る姿勢を見せていたことも付記しておく。

期せずして論争の舞台へと招かれたサルトルは、「アルベール・カミュへの回答」と題した反論を発表する。ジャンソンも「忌憚なく言えば……」と銘打ったカミュへの反論を再度発表。両者の論文は、カミュの論文「『現代』の編集長への手紙」と併せて『現代』一九五二年八月号に掲載された。

「あなたと私の友情は平坦なものではなかったが、私はそれを心残りに思うだろう」。情緒的ながらも決別を予感させるこんな言葉とともに、サルトルは「アルベール・カミュへの回答」をはじめる。そして、自らの歴史に臨む姿勢を鮮明に示しつつ、返す刀で旧友を切り捨てていくのだが、次の一節を読んでみよう。

歴史が方向性を持っているかどうか、私たちが歴史に思い切って参加するかどうか、それらを知ることが重要なのではなく、私たちは頭のてっぺんまで歴史のなかにいる以上、私たちにとって最良と思える方向性を歴史に対して与えることが重要なのであり、同時にそれを要求するいかなる具体的な行動に対する私たちの協力も、たとえそれが微弱なものであっても拒んではならないのだ。

未曽有の破壊と荒廃をもたらした第二次世界大戦を経て、互いに核武装した東西両陣営が一触即発の形で睨み合う冷戦の時代が幕を開ける。歴史ないし現代史の流れは恐怖と混迷に満ちている。それでも、誰しもが自らをとりまく歴史的状況のなかに拘束されているのだから、歴史の傍観者ではなく当事者として行動し、然るべき方向へと歴史を導くことこそが重要なのだ。自らの政治的社会参加《アンガジュマン》の理論を辿り直すかのように、サルトルはそう宣言しつつ、歴史への不参加《デガジュマン》を決め込むカミュの姿勢を舌鋒《ぜっぽう》鋭く批判する。

たとえば、歴史への反抗を訴えるカミュは、歴史に参加し行動によって歴史を作るという重要な任務を放棄している。のみならず、いわば自分だけが、歴史の外部に逃れられると思い込んだうえで、予断を許さぬ現代史の流れを外側から眺めるだけで済まそうとしており、まるで思慮が浅く臆病な「小娘」のようではないかと酷評する（なお、「小娘」とはサルトルの語彙のなかでも第一級の侮蔑的な意味を持つ表現の一つ）。かくして、カミュは現代史の流れから取り残されたすでに終わった人間である、となかば死刑に近い判決をサルトルはくだす。「あなたはもはや私たちのなかでは半分しか生きていない」。

以上がいわゆるサルトル＝カミュ論争の概要なのだが、当代屈指の作家同士の真っ向からの対決はフランス内外で大きな注目を集めた。日本でも、この論争を具体的に構成するカミュ、サルトル、ジャンソンの計四本の論文の翻訳が、早くも翌年に出版され（『革命か反抗か　カミュ・サルトル論争』）、当時の日本人読者の関心の高さがうかがえる。

論争の軍配はどちらにあがったのか。サルトルの批判は攻撃的でありながらも、それまでのカミュの著作の複数の文言を根拠として引用しながら（自然世界との調和を謳った抒情的エッセイ『結婚』、そして、後述するように対独抵抗運動の一環として書かれた『ドイツ人の友への手紙』が主として引かれ、論争の火種となった『反抗的人間』はなぜか引用されない）、いかにカミュが歴史に参加せず、その外側に逃げようとしているかを周到に論じており、言い切る迫力と説得力に満ちていた。

かくして、時のジャーナリズムの多くが、カミュではなくサルトルに軍配をあげている。重ねて、この論争に関して、どちらかと言えばカミュを支持または擁護する意見を公表した作家や思想家は、ポール・リクールやバタイユなどのごく一部にとどまった（バタイユは、歴史を作るために行動するというサルトルの姿勢に一定の評価を与えつつも、核戦争による人類の滅亡すら起こりかねない現在の歴史とは、「吐き気」を催させるとともに「許しがたい＝反抗に値する（révoltante）」ものであると述べ、カミュの姿勢を暗に支持した）。結果として、徹底的に打ちのめされる形になったカミュは、長きにわたる沈黙を強いられ、やがて自動車事故による不慮の死によって世を去ることになる。

サルトル＝カミュ論争の再考

戦後の支配的な思想的潮流に抗して、反共産主義、反全体主義を表明した『反抗的人間』は、雑誌『現代』の執筆陣による批判を筆頭に数多くの非難や不興を買った。とはいえ、こんにちにいたるまで複数の作家、思想家、研究者が、主としてその後の歴史の動向に鑑みながら、『反抗的人間』およびサルトル＝カミュ論争の再考をおこなっている。

たとえば、この論争を共産主義に接近していたサルトルと反発していたカミュといった、政治思想的な対立軸で捉えるのならば、その後の共産主義的イデオロギーの退潮、あるいはソ連の衛星国であった東欧諸国の民主化運動、ベルリンの壁の崩壊、そしてソ連崩壊へといたる歴史の流れは、サルトルではなくカミュのほうに理があったことをさかのぼって示している。

こうした指摘をしたのは、レーモン・アロン（政治学者、哲学者。サルトルの生涯の友人でありライバルの一人で、「アロンとともに正しいよりかはサルトルと一緒に間違ったほうがよい」とも評された）、ロジェ・グルニエ（作家、ジャーナリスト）、ベルナール＝アンリ・レヴィ（七〇年代後半に現れた「新哲学者《ヌーヴォー・フィロゾフ》」と呼ばれる世代の筆頭格）などであった。

もっとも、レヴィは、二〇〇〇年に出版され話題となった大著『サルトルの世紀』のなかで、「反抗の精神と栄誉は、直ちにカミュの側にあると判定される」と記しつつも、「それにしてもやはり、カミュと同意見で正しいよりかは、サルトルと同意見で間違うほうが正しいのはなぜか」とさらなる問題提起をしている。すなわち、この論争を単純にその後の歴史的趨勢《すうせい》に鑑みて、どちらが正しかったのかを再判定する流れに一石を投じたのだった。

したがって、サルトル＝カミュ論争に関しては、両者の論文の読み直しや、争点となった両者の歴史観や歴史に臨む姿勢を再検討する必要性が残されているようにも思われる。そこで、まずは次の点を指摘しておこう（なお、以降の分析は主として拙論を参照している。Tadashi ITO, « Une relecture de l'attaque de Sartre contre Camus dans leur débat »,『フランス語フランス文学研究　第99号』、日本フランス語フランス文学会、２０１１年、pp. 81-96）。

カミュは自分一人だけ現代史の外側に逃れられると思い込んでおり、歴史に参加し、具体的な行動によって歴史を作るという人間の任務を放棄している。歴史に臨むこうした情けない姿勢を糾弾した論文「アルベール・カミュへの回答」のなかで、サルトルは、第二次世界大戦中にドイツ占領下で執筆されたカミュの書簡体エッセイ『ドイツ人の友への手紙』を、しばしば傍証として引用している。そのなかでも、「何年も前から、あなたがたナチスは**私を**歴史のなかに入れようとしている」という一節を二回ほど引用しているのだが（太字による強調は筆者による、以下同様）、サルトルは、この一節を発見した瞬間に「すべては明確になった」と述べている。すなわち、「**私を**歴史のなかに入れようとしている」と言うからには、話者である「**私＝カミュ**」が、自分一人だけ「歴史の外側にいると思い込んでいる」のは、もはや言い逃れのできぬ事実でないか。

しかしながら、この論難は些細な誤読に基づいたものである。というのも、サルトルが引用した『ドイツ人の友への手紙』の原文は、精確には「何年も前から、あなたがたナチスは**いくつかの結論を**歴史のなかに入れようとしている」であり、「**私を**」という文言はどこにも記されていないのだから。

なお、この「**いくつかの結論**」とは、世界も人間も根本的には無意味に過ぎないし、どれだけ破壊しても構わないなどといった、ナチ・ドイツの虚無的なイデオロギーを具体的には指している。そして、こうした非人道的な「**いくつかの結論**」が人類史のなかで実証ないし実現されるのを食い止めるために、フランスはかつての友人であるドイツと戦わねばならないというのが、対独抵抗《レジスタンス》文学の一環として書かれた『ドイツ人の友への手紙』の中核をなすメッセージであった。

サルトルは「**いくつかの結論を**」という文言を「**私を**」と読み違えたうえで、カミュが「歴史の外側にいると思い込んでいる」証拠に仕立ててあげてしまったが、もちろんこの小さな誤読によって、サルトルのカミュ批判のすべてが無効となるわけではない。それでも、論争のなかで生み出され、その後もカミュにつきまとうことになった、歴史の外に立つ孤独な作家というイメージはその第一の根拠を失うだろう。

その上で、カミュの歴史ないし現代史に臨む姿勢を再考してみよう。たとえば、一九四六年のエッセイ『犠牲者も否、死刑執行人も否』では、「私たちは歴史から逃れられない、というのも私たちは首まで歴史のなかに浸かっているのだから」と明記されている。あるいは、『反抗的人間』でも、暴力や殺人といった現代史が内包する悪に対する人間の集団的反抗が、歴史を前進させ、歴史を創造する原動力になると述べられている。「歴史には一つの終焉があるのかもしれない。だが、私たちの仕事は歴史を完了することではない、こんにち私たちが正しいと知っている姿に似せて、歴史を創造することなのだ」と。あるいは、「結局、人間の反抗が歴史を前進させ、人びとの苦しみを和らげる時には、反抗はテロなしでそれをおこなうのだ」ともカミュは記している。

このように振り返ってみると、論争の争点となった両者の歴史に臨む姿勢を巡っては、差異のみならず多くの共通点が浮上してくる。まず、人間は歴史の外には逃れられない。サルトルによれば「私たちは頭のてっぺんまで歴史のなかにいる」のだし、カミュによれば「私たちは首まで歴史のなかに浸かっている」のだから。ついで、サルトルは人間の「具体的な行動」が歴史を作ると述べ、カミュは悪や暴力に対する人間の反抗的行動が「歴史を前進させる」と記す。さらには、たとえ歴史の流れがあらかじめ定められた唯一無二の方向性を欠いており、どれだけ混沌や恐怖や不条理に満ちたものであっても、サルトルは「私たちにとって最良と思える方向性を歴史に対して与えることが重要」だとし、カミュによれば「こんにち私たちが正しいと知っている姿に似せて、歴史を創造すること」が人間の任務である。

サルトル＝カミュ論争では、大手新聞や雑誌からゴシップ誌にいたるまでの多くのマスメディアが、時代の寵児であった二人の対決を大いに煽り立てていた。「そして二人の仲はこれっきりになった」とボーヴォワールが回想するように、論争後、両者の和解はついに訪れなかった。確かに、政治思想的な面では両者はかけ離れており、論争時のサルトルは共産主義に接近していたし、カミュは共産主義に対して常に批判的であった。だが、争点となった歴史に臨む姿勢に関してはどうだろうか。

ここまで確認したように、人間は否応なく歴史ないし現代史のなかに位置づけられているが、その行動によって歴史に然るべき方向性を与え、歴史を作ることが重要である……こうした基本的な信念やスタンスを、狂騒の現代史と激越な論争の渦中にあっても、戦後フランス思想の両旗手はひそかに分かち合っていたのではないか。

II　世界への参加——メルロ＝ポンティとサルトル、そしてボーヴォワール

メルロ＝ポンティの批判——「サルトルとウルトラボルシェヴィズム」

戦後フランス思想をリードし、サルトル＝カミュ論争の舞台ともなった総合誌『現代』。その編集長はサルトルだったが、自身も認めているように、事実上の「編集長兼政治的指導者」はメルロ＝ポンティであったという。サルトルは、自分と彼の名を編集長として同誌の表紙に並べて記そうと持ちかけたものの、「彼はきっぱりと拒絶した」とも述懐している。そのメルロ＝ポンティだが、一九五〇年の朝鮮戦争を契機に政治についてはしばらく沈黙する。ボーヴォワールの回想によれば、「大砲が物を言う以上、私たちは沈黙するほかはない」とも当時の彼は語っていたそうである。

こうして創刊以来の政治的指導者を失った『現代』誌だが、朝鮮戦争勃発によって、サルトルはメルロ＝ポンティとは反対に政治ないし共産主義へと接近していく。後年、彼はこう振り返る。「冷たい戦争がきわめて熱い戦争に変わりうることを発見した」のだから、「危険を冒す人びと、利害上どうしても平和を欲する人びと、したがって、ソビエトの人たちのがわにつかねばならなかった」。そして、一九五二年、共産主義者との連帯を宣言した論考

『共産主義者と平和』を執筆するのだが、メルロ＝ポンティの同意を得ずにこの論考を『現代』誌に掲載したこともあり、両者の関係に亀裂が入る。

結果として、五三年七月に交わした三通の往復書簡を最後にメルロ＝ポンティはサルトルと袂《たもと》を分かち、雑誌『現代』からも完全に手を引く。同誌を掌握したサルトルは、共産党に入党せずに外部から建設的な意見を述べる同党の同伴者あるいは批判的同伴者として、五六年のハンガリー動乱（自由や民主化を求めるハンガリーの民衆による大規模なデモや蜂起を、ソ連が軍を出動させ弾圧、多くの犠牲者が出た）まで、活発な発言を続けていく。

サルトルに対するそれまでの沈黙を破って、一九五五年にメルロ＝ポンティが世に問うたのが『弁証法の冒険』である。政治哲学論集である本書の半分近くを占める第五章「サルトルとウルトラボルシェヴィズム」では、『共産主義者と平和』の分析および、サルトル哲学に対する長大な批判が展開されている。その一部を眺めてみよう。

サルトルによれば、論考『共産主義者と平和』の目的は、「明確な限定された若干の主題について、私が共産主義者と意見を同じくしていることを表明すること」であった。もっとも、「それは、私の原理から出発して推論することによってであって、彼ら〔＝共産主義者たち〕の原理から出発してではない」ともことわっている。

こうした姿勢に対して、メルロ＝ポンティよりまずは疑義が呈される。すなわち、サルトルはマルクス主義から出発してではなく（基本的に昔もいまも彼は「マルクスからかけ離れている」とも述べられる）、極端な主観主義ないし客観主義に基づいて、現実の共産主義を理解しようとしている。その結果として提示されるのは、「ボルシェヴィズム」（この語は広義にはソ連型の共産主義を指す）ではなく、現実を超えた幻想の彼方にある「ウルトラボルシェヴィズム」にほかならないとの問題提起がなされる。

それでは、サルトルが極端な主観主義ないし客観主義に陥っているとする批判は、なにを論拠にしているのか。たとえば、見ることを徹底的に問い直した哲学者であるメルロ＝ポンティが繰り返し問題にしているのは、『共産主義者と平和』におけるサルトルの次のようなまなざしである。「人間と社会とをその真理において眺めること、言いかえればもっとも恵まれない者の目で眺めること」。フランス思想界のスターであるサルトルが、「もっとも恵まれない者の目」、たとえば抑圧され搾取されている労働者の視点を「真理」とみなすのは、感動的でもあるだろう（なお、一九五六年のハンガリー動乱以降、サルトルは共産党から離れていくのだが、「もっとも恵まれない者の目」という真理を手離すことはなかった。六四年には「飢えて死んでいく子どもの前では、小説『嘔吐』はなんの価値もない」とも述べ、やはり大きな感動と物議を呼んでいる）。

とはいえ、「もっとも恵まれない者の目」を客観的な真理と同一視して、人間や社会や現代史を眺めるのならば、そこで現れてくるのは、たとえば労働者《プロレタリア》や共産主義者は無条件に擁護すべきであり、資本家《ブルジョア》や反共産主義者は是が非でも打倒されるべきであるといった、極端な主観的ヴィジョンであるのかもしれない。事実、サルトルは「気をつけろ、アメリカは狂犬病にかかっている」と、あるいは「反共産主義者は犬だ」と筆を滑らせたこともあるのだが、こんな風にして時代を代表する作家にして哲学者でもあるこの人物は、「歴史というものを、個人がその原型であるような、原色べた塗りの一巻のメロドラマにしてしまう」とメルロ＝ポンティは一蹴する。あるいは、そもそも「作家に歴史的全体を「客観的」に考えることを求めてはならない」とも指摘する。

戦後のフランス思想界に反響を呼び起こした政治的社会参加《アンガジュマン》にも、批判のメスが入る。サルトルは、雑誌『現代』の「創刊の辞」で、作家は世界で生じる一切に対して責任を持つのだから、「政治的、社会的事件が起こるごとに、私たちの雑誌はどんな場合でも態度を表明する」と高らかに誓いを立てていた。メルロ＝ポンティもまた、サルトルが提唱したアンガジュマンとは、「何よりもまず、あらゆることを述べ、一切を新たに考慮し、世界の全体への答えとして一つの全体的行為を創出しようとする決意であった」と振り返っている。

とはいえ、世界全体を俯瞰的に眺め、すべてを語り、意見を示し、行為を生み出すことはそもそも可能なのか。この問いをめぐっては、政治的というよりも哲学的な次元でのサルトルとメルロ＝ポンティの根本的な差異を再確認すべきだろう。

メルロ＝ポンティは哲学的主著『知覚の現象学』で、人間は身体をたずさえて、世界の一点に深く根付きながら、世界と密接に関わっている「世界内存在」であることを微に入り細を穿つ形で検証した。だから、人間の意識が世界の手前、あるいは外側まで後退して、そこから世界を対象とする「純粋意識」にまでさかのぼるのは不可能であるとも指摘した。サルトルもメルロ＝ポンティ同様、フッサールの現象学をベースに哲学的思索を開始した。こちらもすでに見たように、哲学的主著『存在と無』では、対自存在（意識）と即自存在（事物）という二つの存在様式の区分を設けたうえで、対自ないし人間の意識を主体とする自由の哲学が展開されていた。

もっとも、メルロ＝ポンティによれば、「サルトルは、この対自存在と、その不可避の相関者である純粋の即自存在以外のものを、決して認めなかった」。こうした厳格な二元論的思考に立ち続けるのならば、人間の意識（対自）と事物（即自）のどちらか一方にではなく、両者のあいだに位置づけられるもの、たとえば歴史だとか「作られるべき真理」などへの見通しやアクセスは不十分になってしまう（結果として、極端な主観主義か客観主義に陥ってしまうのだろう）。また、そもそもサルトル哲学での意識とは、事物や世界とは厳然と区別され、分かたれているのならば、事物や世界をそれらの手前ないし外部から、自らとは異なる対象として認識する「純粋意識」であるとも解釈できるかもしれない。

以上に基づき、メルロ＝ポンティは次のような批判を展開する。あたかも世界から切り離された純粋意識として、サルトルは世界全体をその外側から眺め、そのなかで生じているさまざまな問題について自由に意見を述べ、立場を表明はできても、それ以上のことはできない。たとえば、世界の一ヵ所へと身を投じて、具体的な行動を起こせない。だから、アンガジュマンとは「介入の技術であるよりはむしろ介入の限界を決める技術」であり、「世界から身を引くためにしか、アンガジュマンはおこなわれない」との鋭角的な批判の言葉が矢継ぎ早に放たれていく。

こうした論難の背景には、共産主義者との連帯を示しつつも、共産党に入党して、党員として行動を起こすのではなく、あくまで外部から意見や批判を自由に述べる「批判的同伴者」の立場を選んだ盟友の姿があるのだろう。ご都合主義とも見えかねないスタンスだが、そもそもアンガジュマンとは観照の理論ではあっても、行動の理論ではなかったのだから、サルトルは自らの思想に忠実なだけだともメルロ＝ポンティは指摘する（ただし、カミュが『ヒューマニズムとテロル』の著者を「哲学者兼傍観者」と呼んだように、こうした姿勢はかつてのメルロ＝ポンティにも当てはまるかもしれない。かくして『弁証法の冒険』のサルトル批判には自己批判も含まれているとの指摘が、複数の論者からなされている）。

ここで、サルトル＝カミュ論争の争点を再確認しよう。カミュは歴史をその外側から眺めるだけで済まそうとしており、歴史に参加し、具体的な行動によって歴史を作るという人間の任務を放棄しているとサルトルは手厳しく批判した。だが、メルロ＝ポンティが批判するように、サルトルも世界全体を外側から観照するばかりで、そこに身を投じて具体的な行動を起こせないのであれば、サルトルがカミュに放った批判の矢はそのまま自分に跳ね返ってくるだろう。

ボーヴォワールの反批判――「メルロ＝ポンティとえせサルトル主義」

『弁証法の冒険』に対する反論の筆をとったのは、サルトルではなく彼のパートナーだった。ボーヴォワールは雑誌『現代』一九五五年六・七月号に「メルロ＝ポンティとえせサルトル主義」と題した長大な論文を発表、猛烈な反批判を展開する。

ボーヴォワールとメルロ＝ポンティは学生時代からの友人であった。彼女の回想によれば、高等師範学校在籍時の彼は「すっきりした美しい顔立ち」の「率直で快活な」好青年で、身だしなみも礼儀も常にしっかりしていたという。対照的に、斜視であったサルトルは自らを醜男と称し、服装にも無頓着で、大酒を飲んで乱痴気騒ぎもしていたそうである。サルトルの知性に圧倒されて一緒になる前のボーヴォワールは、メルロ＝ポンティと恋人に近い仲であり、その後も二人の友情は続いた。ときには烈しく口論もしたが、自分がいきり立っても常に彼はにこにこしていたとも回想している。彼は「知的な怒りというものをよく理解できる人間」だったとも評している。とはいえ、批判のみならず罵倒や嘲笑も含んだボーヴォワールの反論を読んだメルロ＝ポンティが、いつもの温和な笑顔をたたえていられたかはわからない。

論文「メルロ＝ポンティとえせサルトル主義」は、しばしば世間が読まずにあるいは十分に理解せずにサルトルを批判する、と切り出す。そして、それは当代屈指の哲学者として名声を博しており、サルトルとは長く深い交流を持つメルロ＝ポンティすらも例外ではないとする。というのも、彼が批判しているのは「真の」サルトルやその哲学ではなく、歪曲された偽りのサルトルや「えせサルトル主義」にほかならないからだ。要するに、彼が相手取っているのは虚構のサルトルだとするのが、ボーヴォワールの批判の基本的な構えである。以上を踏まえて、アンガジュマンをめぐるメルロ＝ポンティのサルトル批判に対する、ボーヴォワールの反批判を読んでみよう。

さて、メルロ＝ポンティは、サルトルのアンガジュマンが肯定的に定義されることも、真の行動にいたることも認めるのを拒む。純粋意識は距離をおいてしか世界を摑めないし、具体的に世界のなかに身を投じることもできない。したがって、サルトルにおいて参加するとは常に身を引くことになるのだろう。自由は否定性としてしか現れず、サルトルが行動すると主張するときには、彼は観照するだけにとどまるわけだ。だが、真のサルトル主義においては、純粋意識は決して存在しないことを、メルロ＝ポンティは単純に忘れているのだ。

純粋意識さながら、世界をその外部から眺めるサルトルは、世界のなかに身を投じて行動を起こせない、『弁証法の冒険』のメルロ＝ポンティはそう批判した。だが、「真の」サルトル主義における意識とは空虚な純粋意識でもなく、抽象的な視点でもなく、肉体を伴って世界のなかに実存していると、ボーヴォワールは応戦する。

傍証の一つとして挙げているのが、サルトル＝カミュ論争におけるサルトルの論文「アルベール・カミュへの回答」の次の一節である。サルトルはカミュに対してこう呼びかけていた。「もし、歴史が泥と血で満ちたプールだとしたら……私はそこに飛び込む前に二度見するだろう。だが、私がすでにそのなかにいると考えてみたまえ」。この一節は、「真の」サルトル主義における意識とは、世界や歴史のなかに常に位置づけられており、それらの外側に立つことは決してないことを示しているという。だから、メルロ＝ポンティの批判は的外れだとの反批判が展開される。

さて、ボーヴォワールによれば、批判を受けたサルトルではなく自らがメルロ＝ポンティへの反論の筆をとったのは、「サルトル哲学の信奉者なら誰でも自分が信じる哲学を擁護する権利を持っている」からである。だが、サルトルに代わってメルロ＝ポンティに反論し、自らの哲学ではなく自らが信じている哲学を擁護しようとするボーヴォワールの論文は（彼女の哲学はサルトルの哲学と多くの共通点を持っていることも相まって）、どうしても屈折した論調を帯びざるを得ない。たとえば、メルロ＝ポンティが批判しているのは、偽りのサルトル主義であると同時に「反メルロ＝ポンティ主義」でもあるだろう、ボーヴォワールはそう位置づける。要するに、メルロ＝ポンティは自らの思想に対立する思想をわざわざ捏造《ねつぞう》してきては、それをサルトル主義と名付けたうえで論駁してみせることで、サルトルを貶《おとし》めつつ、自らの思想の価値を相対的に高めようとしているわけなのだ。

ただし、そう批判する側も同様の込み入った技法を駆使している。メルロ＝ポンティのサルトル理解を偽物と決めつけたうえで、それを逐一反駁してみせることで、メルロ＝ポンティを貶めつつ、自らが信じる真のサルトル哲学を擁護しようとしているのだから。結果として、「真のサルトルの光のもとで、メルロ＝ポンティがにせのサルトルと繰り広げている対話を読むのは愉快である」と断じるボーヴォワールの論文では、虚実入り混じった擁護と批判が鏡合わせの形で乱反射しているようにも見える。

もっとも、アンガジュマンとは観照の理論ではあっても行動の理論ではないというメルロ＝ポンティの批判は、ボーヴォワールの反批判のみならず、その後のサルトルの実際の姿によってくつがえされるだろう。たとえば、一九七〇年のこと。すでに六五歳とサルトルは老境に入っていたものの、毛沢東主義の新聞『人民の大義』の編集長を引き受ける。のみならず、発禁処分を受けていた同紙を自らパリの路上で配布し、警察に拘束されている（すぐに釈放されたが）。さらには工場の前で樽の上に立って演説し、労働者たちとの連帯を直接訴えたこともあった。抑圧されている人びと、あるいは「もっとも恵まれない者」の視点に立つサルトルの政治的社会参加《アンガジュマン》には、言葉だけではなく身体が、観照だけではなく行動が確かに伴っていたことは銘記しておかねばならない。

あるいは、個人の自由を謳う実存主義と歴史の必然的な運動法則を論じるマルクス主義はいったいどう折り合うのかといった、カミュがサルトルにぶつけた疑問。さらには、昔もいまもサルトルは「マルクスからかけ離れて」おり、「歴史というものを、個人がその原型であるような、原色べた塗りの一巻のメロドラマにしてしまう」というメルロ＝ポンティの批判。サルトルの大著『弁証法的理性批判』は、こうした旧友たちの強い疑念や辛辣な批判に真っ向から応じ、乗り越えるものでもあったと言える。一九六〇年に第一巻が刊行された同書は、教条的に硬直したマルクス主義を実存主義によって補完することや、歴史の全体を体系的に論じる哲学と個人を起点にする実存的な哲学との両立や融和などを目指していたのだから。

惜しむらくは、『存在と無』に続くサルトル哲学の代表作となるはずだった『弁証法的理性批判』が未完に終わったこと、さらには、カミュはその第一巻を読むことなく六〇年の一月四日に、メルロ＝ポンティは十分に時間をかけて吟味することなく翌年の五月三日に、二人とも不慮の死によって足早に世を去っていったことだ。そして、サルトルは両者の死に際して心を揺さぶる追悼文をそれぞれ発表し、深い哀惜の念と敬意を表したのは既述の通りである。

フランスきっての論客サルトルが、メルロ＝ポンティの執拗な批判に応えなかったように、ボーヴォワールの嵐のような批判を前にしても、メルロ＝ポンティは沈黙を守った。のみならず、それから四年後の一九五九年のこと。メルロ＝ポンティはボーヴォワールに宛てた手紙のなかで、あの複雑に入り組んだ文体を駆使してではなく、次のような澄み切った筆致で、全面的で変わらぬ友情ないし愛情を告白してもいる。「ときどきはあなたに会いたいものさ、僕はしばしばあなたのことを考えているし、それにあなたは、そうとも、僕を罵倒さえするけれど、僕が心のなかでも何一つ文句をつけることのないごく少数の人間の一人なのだからね」。

実存主義の旗のもと、雑誌『現代』を拠点にして、戦後フランス思想をリードしてきた三者による論争はこうして幕を閉じたのだが、彼らの対決ないし内紛は、一つの時代の終焉が近づいていることを象徴的に告げるものでもあった。

III 構造主義の登場——レヴィ＝ストロースの批判

「人間は歴史を作る」

これまで見てきた論争の多くが、歴史や歴史に臨む姿勢を争点にしていたのは決して偶然ではない。未曽有の人的損害をもたらした第二次世界大戦の終結を経て、互いに核武装した東西両陣営が一触即発の形で睨み合う冷戦の時代が幕を開ける。こうした、予断を許さぬ現代史の流れのなかで、当時の作家、思想家の多くは歴史について考えることを余儀なくされた。あるいは、自らの思想が実際の歴史のなかで、どのような意義や射程を持つかを検討する必要に迫られたのだった。

たとえば、人間は自由な選択と行動によって自己を作るといった実存主義を提唱し、フランス内外の思想界を席巻したサルトルは、人間の具体的な行動によって歴史に方向性をあた

レヴィ＝ストロース（1908〜2009）
akg-images/アフロ

え、歴史を作っていくことが重要だと宣言する。「というのも、歴史とは、それを作る人間を除いてしまえば、抽象的で不動な一つの概念に過ぎなくなってしまう」のだから。ボーヴォワールもサルトルの歴史に臨む姿勢を支持し、来るべく歴史のなかでの女性の解放を訴える。「自由な女性はいまようやく生まれようとしているところだ」と『第二の性』の著者は言う。メルロ＝ポンティは、歴史の「呪い」に言及する。自然世界も歴史的世界もその全貌を上空飛行的に俯瞰できない以上、人間が抱く展望や予想をあざむく形で、歴史は予期せぬ方向に進む可能性があるのだ。

不条理と反抗の思想家であるカミュも、人間は歴史を創ると述べる。たとえば、現代史のなかに見られる政治的暴力や抑圧に対する反抗は、歴史を前進させる原動力になり得る。ただし、どれだけ輝かしい人類史の将来が賭けられていても、罪なき子どもの殺害のような極端な悪は正当化されないとして、歴史を絶対的な価値基準とすることや歴史の「神聖化」に対して異を唱えた。内的体験および特異な知の様相である「非‐知」の探究者バタイユも、現代史の動向には決して無関心ではなかった。それどころか、生産性と有用性の拡大を目指した行動や消費は、核戦争というもっとも悲惨な消尽を人類史にもたらしかねないと、『呪われた部分』の著者は強く警鐘を鳴らす。

戦後フランス思想を彩った彼らの歴史観や歴史に臨む姿勢は、確かに一様ではない。それでも、彼らに共通する見解があるとすれば、それは、直接的にせよ、間接的にせよ、全体的にせよ、部分的にせよ、人間は歴史を作るといった考えだろう。確かにメルロ＝ポンティが指摘するように、歴史の流れが当初の展望を裏切る方向へ進むこともあり得るのだが、その理由はレーモン・アロンの次の言葉が明快に説明している。「人間は歴史を作る。だがどのような歴史を作っているのかは知らない」。この箴言はメルロ＝ポンティが語る歴史の「呪い」の発生源を照らし出している。

人間は歴史を作る――こうした時代の共通認識に異を唱えて、戦後フランス思想のターニングポイントを作ったのが、レヴィ＝ストロースである。構造主義の中心的な担い手として知られるこの人物の来歴を、まずは手短に記してみよう。

クロード・レヴィ＝ストロースは、サルトルの三歳年下、メルロ＝ポンティやボーヴォワールと同じ一九〇八年の生まれであり、ソルボンヌ大学で法学と哲学を学び、哲学の教授資格試験《アグレガシオン》にも合格する。その後、当時はマイナーな学問と見られていた民族学ないし人類学へと転向し、まずは四九年の『親族の基本構造』によって注目をあびる。いわゆる未開社会における近親婚の禁止や婚姻関係のシステムを、数学的モデルを用いて厳密に論じた同書は大きな知的反響を呼んだ。ボーヴォワールも賛辞に満ちた書評を『現代』誌に発表する。五五年には南米での調査旅行の記録をまとめた紀行文『悲しき熱帯』を刊行。未開社会の精緻な分析と西欧中心主義に対する批判のみならず、文学的、芸術的魅力を湛えたその文体によって、同書は広範囲の読者の心を摑む。「『悲しき熱帯』は最初から学術書としてではなく、芸術作品として姿を見せている」とバタイユも賞賛を惜しまない。

一九五九年にはフランスのアカデミズムの最高峰コレージュ・ド・フランスの教授に就任。翌年にはカミュが、翌々年にはメルロ＝ポンティがいずれも予期せぬ死を迎えており、レヴィ＝ストロースはサルトルと並ぶ知の巨匠とみなされていく。追い風に乗る形で、六二年に世に出たのが『野生の思考』だが、そこには、当時の思想家たちの懸案であった歴史なるものについての斬新な見解と、辛辣なサルトル批判が含まれていたのだった。

「歴史なき」人間たち

『野生の思考』は、その最終章「歴史と弁証法」が、戦後フランス思想界の巨星であったサルトルとの対決に割かれていたこともあり、驚異的な売り上げを記録した。ただし、それもさることながら、レヴィ＝ストロースが同書で精魂を傾けているのは、ヨーロッパあるいは文明的な社会に比べると、未開ないし野蛮とも見なされがちな社会に属する人間たち、彼らの思考体系の分析である。ごく基本的な要点のみを眺めてみたい。

たとえば、いわゆる未開社会に広く見られるトーテミズム（人間の集団が特定の動植物を自らの先祖として信仰すること）、呪術や神話などは、非科学的で非論理的で後進性の表われだと一方的に裁断されることも少なくない。だが、彼らは文明人とは異なる思考体系を実は備えており、それは未開的で後進的な思考なのではなく、いわば「野生の思考」なのだとレヴィ＝ストロースは主張する。

たとえば、千年以上も変わらぬ生活を続けている集団に属する人間たちは、狩猟、漁労、採集などの彼らの日常世界を構成するあまたの動植物について、西欧人を驚嘆させるほどの豊富な知識と語彙を積み上げている。このことは、彼らが具体的な事物のごく微小な相違を識別できる、弁別的な思考の持ち主であることを証明している。「野生の思考を規定するものは、人類がもはやその後は絶えて経験したことのない激しい象徴意欲であり、同時に全面的に具体性へ向けられた細心の注意力」なのだ。トーテミズムや神話も、五感で直接捉えた具体的な動植物を素材にして、器用に組み立てられた知的な仕事（ブリコラージュ）にほかならず、きわめて多彩な弁別的思考において構築された一大体系を持っている。その解明には、レヴィ＝ストロースによれば、現代数学や物理科学の理論を必要とするほどなのだから、「野生の思考は私たちの思考と同じ意味において、また同じ方法によって論理的なのである」。

とはいえ、具体的な事物に細心の注意を向ける野生の思考は、抽象的な理論や推論に基づく科学的思考とは相反するようにも見える。だが、それは科学的思考の前段階などではなく、それ自体独立した体系を持っており、いわば「具体性の科学」でもある。だから、野生の思考と科学的思考、両者を対立させたり、優劣をつけたりするのではなく、「認識の二様式として」並置すべきだとレヴィ＝ストロースは提案する。

以上を踏まえて、『野生の思考』の最終章におけるサルトル批判の一部を見たい。レヴィ＝ストロースによれば、自らが攻撃の筆をとったのは、サルトルが一九六〇年に公刊した『弁証法的理性批判』には、未開的な社会に暮らす人びとおよびその思考が、文明人たちよりも劣っているといった偏見が散見されるからだという。もっとも、こうした批判の射程はサルトル一人を超えて、広く世に流布している西欧中心主義的な世界観や歴史観にまで及んでいく。

たとえば、サルトルはカミュに対して、「私たちは頭のてっぺんまで歴史のなかにいる以上、私たちにとって最良と思える方向性を歴史に対して与えることが重要なのである」と述べていた。共産主義者との連帯を表明してからは、「共産党は歴史に支えられており、驚くべき客観的知性を有している」とも記していた。

だが、このように後ろ盾にされる「歴史」とは、そもそも何を指しているのかとレヴィ＝ストロースは問う。「それは、人間がそれと知らずに作っている歴史のことなのか、あるいは歴史家がそれと知って書くような人間の歴史のことなのか、あるいは結局、哲学者によって解釈された人間の歴史もしくは歴史家の歴史なのか」がはっきりしない。いずれにせよ、サルトルが述べる内容は、「彼自身が属する西欧社会の古今の構成員たち」に特有の生き方や考え方を説明するものであっても、「異文化社会」については該当しないと切って捨てる。

こうした批判の背後には、「歴史なき」人間たちが静寂のなか屹立している。たとえば、新石器時代からほとんど変わらぬ生活を続けており、野蛮で未開的とも揶揄《やゆ》される彼らは、歴史に参加する、新たな歴史を作るといった意識とは確かに無縁だろう。だが、膨大な民族誌的資料を横断したレヴィ＝ストロースの洞察によれば、推論や実験に基づく科学的思考とは異なる野生の思考を彼らは有し、「解釈のために数学的努力を必要とするような社会組織や婚姻規則」を作り上げ、「哲学者をも驚かす宇宙論」を持っている。そして、これまで地球上に現れたどの社会にも「人間の生の持ちうる意味と尊厳のすべてが凝縮されていた」のだから、文明的あるいは未開的であれ、任意の社会の「どれかただ一つだけに人間のすべてがひそんでいるのだと信じるには、はなはだしい自己中心主義と単純素朴さが必要である」と『野生の思考』の著者は強く警鐘を鳴らす。

西欧世界のはるか向こうには、数世紀以上も同じ生活を守り続け、歴史に方向性を与え、歴史を作り、歴史を終焉へと導くといった思考とは無縁な「歴史なき」人間たちが確かに存在している。しかも、人間の尊厳や誇りといった「倫理的確信」や「哲学者をも驚かす宇宙論」をたずさえながら、大地に両足をしっかりと着けて生きている。そうなると、人間は歴史を作るという観念も必ずしも普遍的な真理ではなく、あくまで地球の一部の地域で流行しているローカルな思想なのかもしれない。そうなるとまた、「最良と思われる方向性を歴史に与える」だとか、「共産党は歴史に支えられており、驚くべき客観的知性を有している」といった主張のほうこそが、歴史なき人間たちや、具体的な事物に細心の注意を払う野生の思考の持ち主たちの眼には、雲を摑むような抽象的な神話に映るかもしれない。かくして、民族学者にとって、サルトルの哲学とは西欧に流通している「現代の神話」を解明するための「第一級の民族誌的資料である」とも、レヴィ＝ストロースは皮肉とユーモアを交えて攻撃する。

もっとも、こうした批判はサルトル一人に向けられたものではない。「現代の哲学者のなかで、ほかの人文科学を貶《けな》して歴史の地位を高めようとし、ほとんど神秘的と言ってよい歴史観を作り上げたのは、サルトル一人ではない」からだ。

たとえば、人間は歴史を作るという考えは、すでに見たように多くの作家、思想家たちのいわば最大公約数となっていた。また、戦後フランスで勢いを得たのは、歴史には運動法則があり、階級なき社会の実現という歴史の終焉へと進んでいくとする共産主義的なイデオロギーだった。とはいえ、多くのアフリカの植民地がフランスをはじめとする西欧の旧宗主国からの独立を果たし、「アフリカの年」とも呼ばれた一九六〇年以降は、西欧世界で支配的であった単線的かつ決定論的なこの種の歴史観も、西欧中心主義的な世界観ともども、現実の世界史の流れのなかで、すでにほころびを見せはじめてもいたのだ。

こうした思想と歴史の転換期のただなかにあった一九六二年に、『野生の思考』は世に出たのだが、「実際には、歴史は、人間にもいかなる特定の対象にも結び付かない」といった、この上なくラディカルな歴史観をレヴィ＝ストロースは披露する。そして、歴史を、人間ないし人間が作るべき究極的な目的や対象と同一視する「超越論的人間主義」からの脱却を提案する。さらには、歴史そのものからの脱却も。「歴史はすべてに通じていく、もっとも歴史から抜け出すことがその条件である」。

新たな思想と文学の台頭

サルトルはレヴィ＝ストロースの批判に直接は応じなかった。この沈黙は何を意味しただろうか。いずれにせよ、人間は行動によって自分自身を、自らの人生を、さらには自分たちの歴史を作るといった、人間の主体性に軸を置く実存主義の心臓部に、『野生の思考』が一矢を放ったのは間違いない。同書は狭義の人類学を超えて、さまざまな領域に影響を及ぼしていく。そして、人間の意識を主体とする実存主義や現象学に代わって、社会や文化の根底にある不可視の構造を体系的に分析する構造主義の台頭を促した。その結果、レヴィ＝ストロースを筆頭に、ジャック・ラカン（精神分析）、ロラン・バルト（記号学、文芸批評）、ルイ・アルチュセール（マルクス研究）、ミシェル・フーコー（歴史学、哲学）らが、サルトルと入れ替わるかたちで、フランスの知的シーンの第一線に躍り出ていく。

時をほぼ同じくして、いわゆる「ヌーヴォー・ロマン」（新しい小説の意味）の台頭により、フランス思想界のみならず文学界も転期を迎える。その代表的な作家を挙げれば、アラン・ロブ＝グリエ、ナタリー・サロート、ミシェル・ビュトール、クロード・シモンなど。彼らは必ずしも一つの流派を形成していたわけではないが、その中心にいたロブ＝グリエは、『野生の思考』出版の翌年にあたる一九六三年に、評論集『新しい小説のために』を発表している。そこでは、ヌーヴォー・ロマンとは「人間と世界との新しい関係を表現（ないし創造）することができるような、新しい小説形式を探究するすべての作家」の呼称であると定義されている。さらには、サルトルとカミュを念頭に置きながら、ヌーヴォー・ロマンの旗手は次のようにも述べる。「世界は無意味でもなければ不条理でもない。ただ単にそこに「ある」だけなのだ」。

このように、ロブ＝グリエは、『嘔吐』や『異邦人』の作者が見出した世界の無意味さや不条理性などは、もはや、あるいはそもそも存在しないと宣言する。そこで目指されるべきは、世界に対する人間的ないし主観的な意味づけをそぎ落として、事物を綿密に描き抜く新時代の小説である。

こうして、首尾一貫したストーリーの欠如、心理描写や登場人物の性格の消失、客観的な事物描写の徹底などを特徴とする実験的で前衛的な小説が、続々と誕生していく。あたかも、サルトルやカミュが探究した文学と哲学の総合や、作家は自らの政治的、社会的意見を表明することで、自らの時代と一つになるといったアンガジュマンの理論を、過去へ追いやらんとするかのように。

終章　自由で新たな解釈へ

最後に序章で提起した問いに立ち帰らねばならない。戦後まもなく、サルトルは力強くこう宣言したのだった、「私たちは、私たちの時代において熱烈に闘争するだろう」と、「私たちの時代を熱烈に愛するだろう」と、さらには「私たちの時代とともに完全に滅びることを引き受けるだろう」とも。サルトルのみならず、カミュ、ボーヴォワール、メルロ＝ポンティ、バタイユといった本書が紹介した人物たちは、第二次世界大戦の終結から冷戦へと向かう歴史の流れと対峙しながら、それぞれ言葉と思索を磨いた。文学に哲学に時事評論にとジャンル越境的な執筆活動を通じて、芸術に思想に政治に（あるいはそれらすべてに）関心を抱く同時代のさまざまな読者たちに向けて語り続けた。そして、ときには、互いに対立することすら辞さずに、自らの見解や主張を敢然と世に問うたのだった。

では、大きな反響を呼んだそのあとは？　構造主義とヌーヴォー・ロマンが台頭し、さらには構造主義からポスト構造主義へと知のトレンドが移り変わるなかで、彼らの思想や著作はその使命を終えて急速に忘れ去られていったのだろうか？　二一世紀のこんにちでは、「完全に滅び」て久しいのか？　その答えは、これまでのページのなかにも断片的に現れていたかもしれないが、戦後フランス思想を彩った書き手たちの現在にいたるまでの受容や評価を、改めて振り返ることにしよう。

サルトルとの論争に敗れたカミュには、作家としては一流だが哲学者としては二流という評価が定着した。だが、全体主義への反抗に特徴づけられるその思想の先見性は、ベルリンの壁の崩壊からソ連の崩壊へと向かう一九八〇年代末から九〇年代初頭の歴史のなかで、広く再発見され、再評価されるにいたった。さらには、歴史の幸福なあるいは悲惨な終焉を夢想するのではなく、現代史のなかに確かに見られるさまざまな災厄に対する集団的反抗を通じて、人びとの苦しみの総和を少しずつ減少させながら、歴史を一歩また一歩と前進させていくこと。七〇年以上も前にカミュが語ったこうした人間の任務は、人間を唯一無二の歴史の作り手とみなす観念が強く疑問視された時代を横断して（たとえば、レヴィ＝ストロースは『悲しき熱帯』のなかで、「世界は人間なしではじまった。それは人間なしで終わるだろう」とも告げていた）、コロナ禍に対する闘いとともに幕を開けた二〇二〇年代の人類史を参照するまでもなく、この世界のあちらこちらでいまなお確かに継続中であると言えよう。

哲学と文学の総合を目指したこの作家の小説に目を転じるのならば、代表作の『異邦人』は世界でもっとも翻訳され、読まれ、論じられているフランスの小説であり続けている。なお、同小説および自伝的小説『最初の人間』などは、近年では、バンド・デシネ作家ジャック・フェランデズの翻案によるフルカラーの漫画版も出版されており、日本語訳も刊行されるなど、これまでとは異なる読者層を掘り起こしてもいる。新たな時代の人間たちのあいだに、新たな関心と解釈を絶えず呼び起こしてきたカミュの作品は、現在でもその魅力と謎を失っていない。

「私たちの時代とともに完全に滅びること」を誓ったサルトルとは対照的に、ボーヴォワールが十代半ばにして作家を志したのは、「私は無数の心のなかで燃え続けるだろう」からだった。当時の男性中心主義的な風潮のもとでは、サルトルの二番煎じと過小評価される傾向も少なからず見られたものの、主著『第二の性』は、一九六〇年代後半以降の第二波フェミニズムの高揚のなかで女性解放運動の重要な理論書となった。その後も現在まで、女性の自由のために戦う各国の人びとの必読書であり続けている。また、本書では詳述できなかったものの、晩年の著作である『老い』は老年学の先駆けとして、こんにちの日本でも読まれていることを付記しておこう。

文学の領域では、幼少期からサルトルとの死別にいたるまでの自らの人生と思索の歩みを、数千ページにわたって精彩かつ克明に綴りあげた自伝作家としても注目を集めており、『娘時代』から『別れの儀式』にいたる一連の作品群を収めたプレイヤード叢書が二〇一八年に出版された。フランスのガリマール社が刊行しているこの叢書に作品が収録される作家は限られており(たとえば、日本の作家は二〇二四年現在において谷崎潤一郎のみ)、いわば文学の世界における殿堂入りを意味している。すなわち、今後もボーヴォワールが「無数の心のなかで燃え続ける」ことを意味しているだろう。

メルロ＝ポンティの哲学の魅力と影響力は、一九六一年の急逝の後も失われなかった。むしろ増幅していったようにさえ見える。たとえば、その著作や思想が日本に本格的に紹介されだすのは、実存主義が下火を迎える六〇年代に入ってからであった。以降、複雑に入り組んだ濃密な文章に織り込まれた、身体や知覚をめぐる深遠な考察を読み解くべく、フランスや日本のみならず、イタリア、アメリカ、ドイツなどでも数多くの研究論文や研究書がものされてきた。

彼の哲学は現象学と身体論を基盤にしながらも、その射程は心理学、精神医学、精神分析学、児童心理学、生理学、歴史学、言語学、芸術学、政治学、社会学、文化人類学などにまで広く深く及んでいる。こんにちでは、哲学や現象学のみならず、美学、教育学、認知科学、病理学、看護学などの領域にも豊かな示唆を与えている。未完の草稿も含めたその知の全貌を解明する試みと、それを現代の諸学問にフィードバックする試みはこんにちでも続けられており、二〇世紀フランスを代表する哲学者という評価も当分は揺るぎそうにない。

生前は実存主義の隆盛の陰に隠れがちであったバタイユの存在感は、実存主義から構造主義へ、構造主義からポスト構造主義へと思想潮流が移り変わるなかで、次第に増していった。「今世紀のもっとも重要な書き手の一人」とミシェル・フーコーが評したのは一九七〇年であり、彼以外にも複数の新時代の哲学者たちが、たとえば、ジャン・ボードリヤール、ジャック・デリダ、ジャン＝リュック・ナンシー、ジュリア・クリステヴァ、ジョルジョ・アガンベンらが、バタイユをさまざまな角度から論じ、または参照している。既成の知の枠組みに収まりきらない思想、その射程と奥行きを解明しようとする試みは現在まで後を絶たず、近年の日本でもこの規格外の思想家に新たな光を当てる論文や研究書が相次いで誕生している。二〇二二年には思想的主著『内的体験』の待望の新訳も上梓された。

文学の領域では、一九六〇年代から小説の日本語訳が進められており、三島由紀夫や吉本隆明をはじめとする複数の作家や批評家の考察の対象となった。二一世紀に入ってからも、代表作の一つである『眼球譚』や、かつて三島が「この読後感の鮮烈さは、ちよっと比類のないもの」と評した『マダム・エドワルダ』は新訳が出ており、新たな世代の読者たちを震《しん》撼《かん》させつつ、「強い交流」を続けているようだ。

では、サルトルは？　第二次世界大戦後の国内外の思想界を席巻していった知の巨人も、一九六〇年代以降は構造主義の台頭により、ゆるやかに表舞台からは退場していった。のみならず、後続する世代の作家や思想家たちの批判の対象にもなった。もっともこのことは、サルトルの存在感や影響力が決して潰《つい》えなかったことを逆説的に物語っているだろう。一時代を築いた実存主義とその首魁は、その後も参照または対決すべき巨人として、新たな思索や創造を試みる世代の「真ん中に」屹立し続けたのだ。二〇二〇年代に入ってからも、ドイツ出身の気鋭の哲学者マルクス・ガブリエルが、自らの立ち位置を「新実存主義」と呼んだのは記憶に新しい。そもそも、サルトルより二〇歳年下の哲学者ジル・ドゥルーズが一九七七年にすでに語っていたように、「サルトルを何かの終わりなのか、あるいは始まりなのかと問うのは馬鹿げている」のかもしれない。「あらゆる創造的な物や人物がそうであるように、彼は真ん中にいる」のだから。

　文学の領域では、二〇〇五年の生誕百周年の際には『戯曲集』が、一〇年には『言葉』およびその他の自伝的著作集が、それぞれプレイヤード叢書から刊行されており、小説家、劇作家サルトルの存在感を示している。日本でも、代表作『嘔吐』の新訳が一〇年に出ており、近年に目を向けても、戯曲『恭しき娼婦』が栗山民也の演出のもと二二年に上演されるなど、「私たちの時代とともに完全に滅びる」という彼の悲願は、母国フランスでも私たちの国でも、残念ながら、そして幸福にも、まだ叶ってはいない。

　戦後フランス思想を彩った人物たち、その多岐にわたる作品が多くの読者を惹きつけてきたのは、彼らがそれぞれ巧みをこらして志向した、文学と哲学の相互浸透とも無縁でないだろう。メルロ゠ポンティは例外であるものの、彼らは自らの思想の重要な諸部分を小説や戯曲などの文学テクストにも絶妙に溶け込ませて提示した。かくして、その文学作品では、哲学的著作で展開された難解で抽象的ないくつかの思想も、たとえば登場人物たちの姿や言動、苦悩や歓喜などといった生きたイメージをプリズムにして、立体的かつ情感豊かに浮き上がって見えてくる。カミュの言葉を借りれば、「情感とイメージは哲学を十倍にする」のだ。

　さらには、精彩に富んだフレーズや謎めいた暗示、あるいは詩的な一節なども散見される彼らの哲学的著作それ自体が、すでに文学的な雰囲気をまとっている（作家や詩人の仕事を現象学的探究に意識的に組み込んだメルロ゠ポンティの哲学書は、その最たる例だろう）。のみならず、多様なテーマが凝縮されている彼らの文学テクストをさまざまな角度から読み解き、より深く豊かに味わうための鍵がいくつも隠されている。ゆえに彼らの作品においては、哲学的言説や思索もまた「文学を十倍にする」のだと記せば、誇張が過ぎるだろうか。

　こうして、文学的著作と哲学的著作は深い孤立や対立に陥り不協和音を響かせるのではなく、互いの存在と魅力を増幅し合うかのような深遠なシンフォニーを力強く奏でだす。だから、一方を読めば他方へと、他方を読めばまた一方へと、両者の往還に絶えず誘《いざな》う——読み手のさらなる興味や探究心を都度かきたてながら。ここにも、ジャンル横断的な彼らの作品が読み続けられてきた秘密が潜んでいるのかもしれない。

とはいえ、人生の意味や人類の行く末を真摯に考える人間たちの期待や不安に、作家たちがリアルタイムで応えていた時代が過ぎ去って久しいのは確かだ。こんにちでは、当時（戦後や冷戦期）の読者たちが抱いていた同じ熱狂や興奮とともに、彼らの著作を読むのは難しいかもしれない。

だが、その代わりに、現行の世界や人間の姿と自由に重ね合わせながら読めるのではないか。事実、不条理に対する集団的反抗を描くカミュの小説『ペスト』は、コロナ禍にあえぐ世界のなかで現代的な意義を新たに付与された。あるいは、暴力があちらこちらに見え隠れし、核戦争という人類にとってきわめて悲惨な「消費」の影すらも再び差してきた昨今の国際情勢をまったく想起せずに、メルロ＝ポンティの『ヒューマニズムとテロル』やバタイユの『呪われた部分』を読むことは至難の業となる。さらには、サルトルが提唱した作家の政治的社会参加《アンガジュマン》も、現代に生きる私たちに大切な示唆を与えてくれるかもしれない。

第二次世界大戦後、作家の責任が鋭く問われたのは、執筆を通じて不特定多数の読者にメッセージを発信できる数少ない存在であったことが、その理由の一つだったと言える。ひるがえって現在では、インターネットやSNSを通じて多種多様な人びとが、小学生から一国の大統領までもが、自らのメッセージを全世界に発信できる。国際的な慈善活動を募ることも、国家転覆を煽ることも可能だ。そしてパソコンやスマートフォンには、世界各国のさまざまな情報や状況が、地球の裏側に住まう人たちが直面しているさまざまな危機や問題までもが、昼夜を問わず流れ込む。自らをとりまく時代への参加というコンセプト、あるいは「一つ一つの言葉はさまざまな反響を呼ぶ」、「そして、究極において人間は世界全体に関連して状況づけられている」のだから、「一人の人間とは地球全体である」というサルトルの卓見に満ちた八〇年近く前の洞察は、こんにちの視点から改めて捉え返される必要があるのだろう。

サルトル、カミュ、ボーヴォワール、メルロ＝ポンティ、バタイユ、本書が主として紹介してきた人物たちの言葉、思索、著作および存在は、同時代のさまざまな読者たちに向けて大きく開かれていた。そして、いまなお閉ざされていない。私たちの自由で新たな解釈に向けていつまでも開かれている。だからこそ、ある時には共鳴し、ある時には火花を散らし合った彼らの思想、その多彩な魅力や独自の輝きを、これまでのページがごくわずかでも伝えられたのであれば、本書の目的はいまや完全に果たされたことになる。

あとがき

　ここまでページを手繰《たぐ》ってくださった読者には念押しとなり、「あとがき」からまず入られた手練《てだ》れの読者には予告となるが、この本は入門書や解説書というよりも、紹介書ないし案内書である。第二次世界大戦後のフランスで、独創的な輝きを放っていた作家ないし思想家たち。その主要な何名かをピックアップして、その代表的な文学的、哲学的著作のいくつかを紹介し、次いで銘々の立ち位置や思想的異同を測る本書が描くのは、戦後フランス思想の見取り図または案内図にほかならない。

　そこで、本書およびその補遺であるブックガイドも参照して、引き続き彼らの小説や戯曲を、哲学書やエッセイを、誰のどの作品からでも構わないので、ぜひ実際に手に取って読んでいただければ幸甚である。あるいは、彼らの著作を久方振りに本棚から取り出して読み返してくだされればとも。同様に、彼らの作品、思想、生涯などに光を当てた入門書や解説書や伝記、または専門的な研究書へと読み進み、知識と理解をさらに深めていただければとも強く思う。なぜなら、肥沃《ひよく》に広がる文学の世界を、深遠に広がる哲学の世界を、深く複雑に交差する二つの世界のあちらこちらを、本書で提示された初歩的な解説や解釈を超えて、心ゆくまで旅していただければ恐悦至極なのだから。この本を手にしていただいたすべての方々に深く感謝しつつ、良き読書と素敵な旅に恵まれんことを心から願うばかりである。

最後に、これまでお世話になった方々に切なる謝辞（または懺悔）を記したい。まずは、本書執筆のお声がけをいただいた中公新書の編集者である上林達也氏に。二〇一九年の春に「まえがき」を記してからというもの、遅々として進まぬ（動かぬ？）筆のゆくえを辛抱強く見守ってくださり、本書のテーマに関連した新刊の書籍や記事も紹介していただき、何よりも拙稿を丹念に読み直して一冊の本に仕上げてくださったことには、お詫びと感謝しか抱けない。

重ねて、貴重な夏季休暇のおりに下書きをお目通しいただき、得難きアドバイスを頂戴したばかりか、稚拙な誤記や勘違いをただしてもくださった、東北大学の澤田哲生氏と法政大学の竹本研史氏に格別の感謝と敬意を綴りたい。パリにて幾度となく夜明けまで語り合った留学時代。あれから幾星霜の時が流れ、気鋭の研究者としてご活躍を重ねる両氏のお力添えと励ましがなければ、この本を世に送り出す勇気などは生まれなかった。心からの謝意をここに示したい。

もっとも、本書の文章はいずれも自らの判断に基づき最終的には記している。したがって、不正確な記述やいたらぬ箇所も残してしまったかと思われるが、文責のすべては筆者にある。読者のご叱正をお願い申しあげたい。

次いで、石崎晴己先生とジャンイヴ・ゲラン先生、修士論文と博士論文をそれぞれご指導いただいた日仏の恩師に尽きせぬ感謝を伝えたい。本音を言えば、文学と哲学の双方を視野に入れた本書は、浅学菲才《ひさい》の筆者ではなく気宇壮大なフランス文学者である石崎先生が、より早い時期に、より完璧な形で記すべきだったとも思う。そんなことは論を俟《ま》たぬが、いまや不肖の弟子にできるのは、二ヵ月前に白玉楼中《はくぎょくろうちゅう》の人となられた師のご冥福を心から祈りつつ、在りし日の柔らかな笑顔と貴重な叱咤の一つひとつに思いを馳せながら、さらなる精進を誓うことだけだ。

末筆となるが、研究に打ち込める環境とリベラルな気風がいまなお残る松山大学とその同僚たちに、同期の大輪の桜であり、本書執筆のきっかけを作ってくれた法政大学の宮下雄一郎氏に、頑丈な心と体に産んで育ててくれた母と父に、それぞれ厚く感謝申し上げたい。

二〇二三年師走　冬めく松山にて

ブックガイド

本書で紹介した思想家たちについてさらに知りたいという人向けに、各章で扱った彼らの哲学的、文学的、自伝的著作の翻訳と、日本語で読める概説的な入門書や研究書および伝記をピックアップしたい。

ジャン＝ポール・サルトル（第1章）

『嘔吐　新訳』（鈴木道彦訳、人文書院、二〇一〇年）
『存在と無　現象学的存在論の試み』1〜3（松浪新三郎訳、筑摩書房〔ちくま学芸文庫〕、二〇〇七年〜〇八年）
「新しい神秘家」（清水徹訳、『サルトル全集　第一巻』所収、人文書院、一九六五年）
『蠅』、『出口なし』（伊吹武彦訳、『サルトル全集　第八巻』所収、人文書院、一九五二年）
『実存主義とは何か』（伊吹武彦、海老坂武、石崎晴己訳、人文書院、一九九六年）
『文学とは何か』（加藤周一訳、『サルトル全集　第九巻』所収、人文書院、一九五二年）
『革命か反抗か　カミュ＝サルトル論争』（佐藤朔訳、新潮社〔新潮文庫〕、一九六九年）
『言葉』（澤田直訳、人文書院、二〇〇六年）
『方法の問題『弁証法的理性批判』序説』（平井啓之訳、『サルトル全集　第二五巻』所収、人文書院、一九六二年）

『弁証法的理性批判』1〜3（竹内芳郎、矢内原伊作訳、『サルトル全集 第二六巻』、平井啓之、森本和夫訳、『サルトル全集 第二七巻』、平井啓之、足立和浩訳、『サルトル全集 第二八巻』所収、人文書院、一九六二年、六五年、七三年）

※生前出版された主要な著作は、人文書院刊行の『サルトル全集』（全三八巻、第四巻は未完）にほぼすべて収録されている。

梅木達郎『サルトル 失われた直接性をもとめて』（NHK出版、二〇〇六年）

海老坂武『サルトル 「人間」の思想の可能性』（岩波書店〔岩波新書〕、二〇〇五年）

海老坂武『サルトル 実存主義とは何か 希望と自由の哲学』（NHK出版、二〇二〇年）

澤田直『新・サルトル講義 未完の思想、実存から倫理へ』（平凡社〔平凡社新書〕、二〇〇二年）

澤田直『サルトルのプリズム 二十世紀フランス文学・思想論』（法政大学出版局、二〇一九年）

澤田直（編）『サルトル読本』（法政大学出版局、二〇一五年）

竹本研史『サルトル「特異的普遍」の哲学 個人の実践と全体化の論理』（法政大学出版局、二〇二四年）

アニー・コーエン＝ソラル『サルトル伝 1905―1980』上・下（石崎晴己訳、藤原書店、二〇一五年）

アンナ・ボスケッティ『知識人の覇権 20世紀フランス文化界とサルトル』（石崎晴己訳、新評論社、一九八七年）

ベルナール＝アンリ・レヴィ『サルトルの世紀』（石崎晴己監訳、藤原書店、二〇〇五年）

アルベール・カミュ（第2章）

『シーシュポスの神話』（清水徹訳、新潮社〔新潮文庫〕、一九六九年）
『異邦人』（中村光夫訳、『カミュ全集2』所収、一九七二年）
『カリギュラ』（岩切正一郎訳、早川書房〔ハヤカワ演劇文庫〕、二〇〇八年）
『ドイツ人の友への手紙』（白井浩司訳、『カミュ全集3』所収、一九七二年）
『ペスト』（三野博司訳、岩波書店〔岩波文庫〕、二〇二一年）
『正義の人びと』（白井健三郎訳、『カミュ全集5』所収、一九七三年）
『反抗的人間』（佐藤朔、白井浩司訳、『カミュ全集6』所収、一九七三年）
『カミュの手帖［全］　1935－1959』（大久保敏彦訳、新潮社、一九九二年）
『最初の人間』（大久保敏彦訳、新潮社〔新潮文庫〕、二〇一二年）
※生前出版された主要な著作は、新潮社刊行の『カミュ全集』（全一〇巻）に収録されている。
井上正『アルベール・カミュ』（清水書院、二〇〇〇年）
中条省平『カミュ伝』（集英社〔インターナショナル新書〕、二〇二一年）
西永良成『評伝アルベール・カミュ』（白水社、一九七六年）
三野博司『カミュを読む　評伝と全作品』（大修館書店、二〇一六年）
オリヴィエ・トッド『アルベール・カミュ　〈ある一生〉』上・下（有田英也、稲田晴年訳、毎日新聞社、二〇〇一年）

シモーヌ・ド・ボーヴォワール（第3章）

『招かれた女』（川口篤、笹森猛正訳、『ボーヴォワール著作集1』所収、人文書院、一九六七年）
『人間について』（青柳瑞穂訳、新潮社〔新潮文庫〕、一九五五年）
『両義性のモラル』（松浪信三郎、富永厚訳、『ボーヴォワール著作集2』所収、一九六七年）
『決定版　第二の性Ⅰ　事実と神話』（『第二の性』を原文で読み直す会訳、河出書房新社〔河出文庫〕、二〇二三年）
『決定版　第二の性Ⅱ　体験』上・下（『第二の性』を原文で読み直す会訳、河出書房新社〔河出文庫〕、二〇二三年）
『娘時代』（朝吹登水子訳、紀伊國屋書店、一九六一年）
『女ざかり』上・下（朝吹登水子、二宮フサ訳、紀伊國屋書店、一九六三年）
『或る戦後』上・下（朝吹登水子、二宮フサ訳、紀伊國屋書店、一九六五年）
『決算のとき』上・下（朝吹三吉、二宮フサ訳、紀伊國屋書店、一九七三年、一九七四年）
『別れの儀式』（朝吹三吉、二宮フサ、海老坂武訳、人文書院、一九八四年）
『離れがたき二人』（関口涼子訳、早川書房、二〇二一年）
※自伝的作品を除く生前出版の主要な著作は、人文書院刊行の『ボーヴォワール著作集』（全九巻）に収録されている。
朝吹登水子『わが友サルトル、ボーヴォワール』（読売新聞社、一九九一年）
杉藤雅子『自由と承認：シモーヌ・ド・ボーヴォワールの倫理思想』（早稲田大学、博士論文〔文学〕、二〇一一年、「早稲田大学リポジトリ」にて検索および閲覧可能）

村上益子『ボーヴォワール』(清水書院、一九八四年)
ジュリア・クリステヴァ『ボーヴォワール』(栗脇永翔、中村彩訳、法政大学出版局、二〇一八年)
クローディーヌ・セール＝モンテーユ『世紀の恋人 ボーヴォワールとサルトル』(門田眞知子、南知子訳、藤原書店、二〇〇五年)
トリル・モイ『ボーヴォワール 女性知識人の誕生』(大橋洋一、片山亜紀、近藤弘幸、坂本美枝、坂野由紀子、森岡実穂、和田唯訳、平凡社、二〇〇三年)

モーリス・メルロ＝ポンティ(第4章)
『知覚の現象学』1・2(竹内芳郎、小木貞孝、木田元、宮本忠雄訳、みすず書房、一九六七年、一九七四年)
『ヒューマニズムとテロル 新装版』(合田正人訳、みすず書房、二〇二一年)
『弁証法の冒険』(滝浦静雄、木田元、田島節夫、市川浩訳、みすず書房、一九七二年)
※みすず書房からは全七巻の『メルロ＝ポンティ・コレクション』も出版されている。
加賀野井秀一『メルロ＝ポンティ 触発する思想』(白水社、二〇〇九年)
木田元『メルロ＝ポンティの思想』(岩波書店、一九八四年)
澤田哲生『幼年期の現象学 ソルボンヌのメルロ＝ポンティ』(人文書院、二〇二〇年)
松葉祥一、本郷均、廣瀬浩司(編)『メルロ＝ポンティ読本』(法政大学出版局、二〇一八年)
村上隆夫『メルロ＝ポンティ』(清水書院、一九九二年)
鷲田清一『メルロ＝ポンティ 可逆性』(講談社、一九九七年)

ジョルジュ・バタイユ（第5章）

『内的体験』（江澤健一郎訳、河出書房新社〔河出文庫〕、二〇二二年）
『マダム・エドワルダ／目玉の話』（中条省平訳、光文社〔光文社古典新訳文庫〕、二〇〇六年）
『ニーチェについて』（酒井健訳、現代思潮社、一九九二年）
『呪われた部分　全般経済学試論　蕩尽』（酒井健訳、筑摩書房〔ちくま学芸文庫〕、二〇一八年）
『文学と悪』（山本功訳、筑摩書房〔ちくま学芸文庫〕、一九九八年）
『新訂増補　非‐知　閉じざる思考』（西谷修訳、平凡社〔平凡社ライブラリー〕、一九九九年）
※生前出版された主要な著作は小説を中心にして、二見書房刊行の『バタイユ著作集』（全一五巻）に収録されている。
石川学『ジョルジュ・バタイユ　行動の論理と文学』（東京大学出版会、二〇一八年）
石川学『理性という狂気　G・バタイユから現代世界の倫理へ』（慶應義塾大学教養研究センター、二〇二〇年）
岡崎宏樹『バタイユからの社会学　至高性　交流　剝き出しの生』（関西学院大学出版会、二〇二〇年）
酒井健『バタイユ入門』（筑摩書房〔ちくま新書〕、一九九六年）
佐々木雄大『バタイユ　エコノミーと贈与』（講談社、二〇二一年）
横田祐美子『脱ぎ去りの思考　バタイユにおける思考のエロティシズム』（人文書院、二〇二〇年）
吉田裕『バタイユ　聖なるものから現在へ』（名古屋大学出版会、二〇一二年）

ミシェル・シュリヤ『G・バタイユ伝』上・下（西谷修、中沢信一、川竹英克訳、河出書房新社、一九九一年）

関連年表

西暦	略年譜	政治的・社会的できごと
一八九七年	バタイユ：九月一〇日フランス中部のビヨンに生まれる。	
一九〇五年	サルトル：六月二一日パリに生まれる。	
一九〇八年	ボーヴォワール：一月九日パリに生まれる。 メルロ＝ポンティ：三月一四日フランス南西部のロシュフォール＝シュル＝メールに生まれる。	
一九一三年	カミュ：一一月七日フランス領アルジェリアのモンドヴィ（現ドレアン）に生まれる。	
一九一四年		第一次世界大戦はじまる。
一九一六年	バタイユ（一九歳）：動員を受けるが肺結核となり翌年免役除隊。	
一九一七年		ロシア革命。
一九一八年		第一次世界大戦終結。
一九二八年	バタイユ（三一歳）：小説『眼球譚』を変名で出版。	
一九二九年	サルトル（二四歳）：ボーヴォワール（二一歳）と出会う。	世界経済恐慌はじまる。

一九三〇年	カミュ（一七歳）：結核に罹患。	
一九三三年		ヒトラーのナチス党がドイツで政権をとる。
一九三六年		スペイン内乱はじまる。
一九三七年	バタイユ（四〇歳）：宗教的秘密結社「アセファル」結成、「社会学研究会」も設立、活動はいずれも三九年まで。	
一九三八年	サルトル（三三歳）：小説『嘔吐』出版。	モスクワ裁判でブハーリンらが処刑される。
一九三九年	サルトル（三四歳）：短編集『壁』出版。	独ソ不可侵条約締結。第二次世界大戦はじまる。
一九四〇年	サルトル（三五歳）：捕虜となり収容所へ。翌年釈放されパリに帰還。	六月、フランス軍降伏、パリ陥落。七月、親独政府であるヴィシー政権誕生。
一九四一年	サルトル（三六歳）：ボーヴォワール（三三歳）やメルロ＝ポンティ（三三歳）らと知識人の抵抗組織「社会主義と自由」を結成。	ド＝ゴールが「自由フランス」を結成。
	バタイユ（四四歳）：小説『マダム・エドワルダ』を変名で出版。	
一九四二年	カミュ（二九歳）：小説『異邦人』、哲学的エッセイ『シーシュポスの神話』出版。	ドイツ軍がフランス全土を占領。

一九四二年	メルロ＝ポンティ（三四歳）：哲学書『行動の構造』出版。	フランス国内で対独抵抗運動が本格化。
一九四三年	サルトル（三八歳）：哲学書『存在と無』出版、戯曲『蠅』初演。 ボーヴォワール（三五歳）：小説『招かれた女』出版。 バタイユ（四六歳）：思想的著作『内的体験』出版。	
一九四四年	サルトル（三九歳）：戯曲『出口なし』初演。 カミュ（三一歳）：三月に対独抵抗新聞『コンバ』に参加。戯曲『カリギュラ』刊行。 ボーヴォワール（三六歳）：哲学的エッセイ『ピリュウスとシネアス』出版。	六月、連合軍がフランスのノルマンディーに上陸。 八月、パリ解放。
一九四五年	サルトル（四〇歳）：雑誌『現代』を創刊。小説『自由への道』第一部・第二部出版。講演『実存主義はヒューマニズムか』によって実存主義ブームが巻き起こる。 メルロ＝ポンティ（三七歳）：哲学書『知覚の現象学』出版。同書と『行動の構造』により博士号を受ける。	五月、ドイツ降伏。 八月、広島と長崎に原子爆弾投下、日本降伏、第二次世界大戦終結。
一九四六年	バタイユ（四九歳）：雑誌『クリティック』を創刊。	フランスで第四共和制成立。 インドシナ戦争はじまる。
一九四七年	サルトル（四二歳）：評論『文学とは何か』出版。 カミュ（三四歳）：小説『ペスト』出版、同作品により批評家賞受賞。	米ソの対立深まる。

	ボーヴォワール（三九歳）：哲学的エッセイ『両義性のモラル』出版。 メルロ＝ポンティ（三九歳）：政治的評論『ヒューマニズムとテロル』出版。	
一九四八年		ベルリンが封鎖され、冷戦が激化。
一九四九年	サルトル（四四歳）：小説『自由への道』第三部・第四部断片を出版。 カミュ（三六歳）：戯曲『正義の人びと』初演。 ボーヴォワール（四一歳）：女性論『第二の性』出版。 バタイユ（五二歳）：思想的著作『呪われた部分』出版。	北大西洋条約機構（NATO）成立。
一九五〇年	メルロ＝ポンティ（四二歳）：朝鮮戦争を機に『現代』誌の政治的指導者の立場から離れる。	朝鮮戦争はじまる。
一九五一年	カミュ（三八歳）：哲学的エッセイ『反抗的人間』出版。	
一九五二年	サルトル（四七歳）：『現代』誌を舞台にカミュ（三九歳）と論争。 メルロ＝ポンティ（四四歳）：コレージュ・ド・フランス教授に就任。	
一九五三年	サルトル（四八歳）：メルロ＝ポンティ（四五歳）と決別、共産党に接近。	スターリン死去。
一九五四年	ボーヴォワール（四六歳）：小説『レ・マンダラン』出版、同作品によりゴンクール賞受賞。	インドシナ戦争終結、ラオス、カンボジア、ヴェトナム独立。 アルジェリア戦争はじまる。

一九五五年	メルロ＝ポンティ（四七歳）：哲学書『弁証法の冒険』を出版し、サルトルを批判。 ボーヴォワール（四七歳）：論文「メルロ＝ポンティとえせサルトル主義」を発表し、メルロ＝ポンティを攻撃。	
一九五六年	サルトル（五一歳）：ハンガリー動乱を機に共産党から距離をとる。	ハンガリー動乱。
一九五七年	カミュ（四三歳）：小説『転落』出版。 カミュ（四四歳）：ノーベル文学賞受賞。 バタイユ（六〇歳）：評論集『文学と悪』出版。	
一九五八年	ボーヴォワール（五〇歳）：自伝『娘時代』出版。	フランスで第五共和制が誕生、ド＝ゴールが大統領に。
一九六〇年	サルトル（五五歳）：哲学書『弁証法的理性批判』第一部出版。 **カミュ：一月四日没**（**享年四六**）。 ボーヴォワール（五二歳）：自伝『女ざかり』出版。 メルロ＝ポンティ（五二歳）：論文集『シーニュ』出版。	
一九六一年	**メルロ＝ポンティ：五月三日没**（**享年五三**）。	ケネディ、アメリカ大統領に。
一九六二年	サルトル（五七歳）：極右組織のプラスチック爆弾により自宅が破壊される。 **バタイユ：七月八日没**（**享年六五**）。	アルジェリア独立。 キューバ危機。

一九六三年	ボーヴォワール（五五歳）：自伝『或る戦後』出版。	
一九六四年	サルトル（五九歳）：ノーベル文学賞の受賞を拒否。自伝的小説『言葉』出版。	
一九六五年		ヴェトナム戦争拡大。
一九六六年	サルトル（六一歳）：ボーヴォワール（五八歳）と一緒に来日。	中国で文化大革命はじまる。
一九六八年		チェコにてプラハの春。 パリにて五月革命。
一九七〇年	ボーヴォワール（六二歳）：女性解放運動のデモに参加、評論『老い』出版。	
一九八〇年	**サルトル：四月一五日没（享年七五）。**	
一九八六年	**ボーヴォワール：四月一四日没（享年七八）。**	

ＤＴＰ・市川真樹子

伊藤 直（いとう・ただし）

松山大学経済学部教授．1977年宮城県生まれ，パリ第三大学博士課程修了．博士（文学）．専門は20世紀フランス文学・思想．論文に"*Du temps individuel au temps collectif ou historique: autour de la révolte contre la peur*［「個の時間から集団的あるいは歴史的時間へ：恐怖に対する反抗を中心に」］"（*Albert Camus, le temps, la peur et l'Histoire*, Avignon, Edition A. Barthélemy, 2012）など．共著に*Dictionnaire Albert Camus*［『アルベール・カミュ辞典』］, Paris, Robert Laffont, 2009．訳書にジャン=ピエール・ルゴフ『プロヴァンスの村の終焉（上・下）』（青灯社，2015年）などがある．

戦後《せんご》フランス思想《しそう》
中公新書 *2799*

2024年4月25日発行

著　者　伊藤　直
発行者　安部順一

本文印刷　暁印刷
カバー印刷　大熊整美堂
製　本　小泉製本

発行所　中央公論新社
〒100-8152
東京都千代田区大手町1-7-1
電話　販売　03-5299-1730
　　　編集　03-5299-1830
URL https://www.chuko.co.jp/

Published by CHUOKORON-SHINSHA, INC.
Printed in Japan　ISBN978-4-12-102799-3 C1210

中公新書刊行のことば

いまからちょうど五世紀まえ、グーテンベルクが近代印刷術を発明したとき、書物の大量生産は潜在的可能性を獲得し、いまからちょうど一世紀まえ、世界のおもな文明国で義務教育制度が採用されたとき、書物の大量需要の潜在性が形成された。この二つの潜在性がはげしく現実化したのが現代である。

いまや、書物によって視野を拡大し、変りゆく世界に豊かに対応しようとする強い要求を私たちは抑えることができない。この要求にこたえる義務を、今日の書物は背負っている。だが、その義務は、たんに専門的知識の通俗化をはかることによって果たされるものでもなく、通俗的好奇心にうったえて、いたずらに発行部数の巨大さを誇ることによって果たされるものでもない。現代を真摯に生きようとする読者に、真に知るに価いする知識だけを選びだして提供すること、これが中公新書の最大の目標である。

私たちは、知識として錯覚しているものによってしばしば動かされ、裏切られる。私たちは、作為によってあたえられた知識のうえに生きることがあまりに多く、ゆるぎない事実を通して思索することがあまりにすくない。中公新書が、その一貫した特色として自らに課すものは、この事実のみの持つ無条件の説得力を発揮させることである。現代にあらたな意味を投げかけるべく待機している過去の歴史的事実もまた、中公新書によって数多く発掘されるであろう。

中公新書は、現代を自らの眼で見つめようとする、逞しい知的な読者の活力となることを欲している。

一九六二年一一月

中公新書

宗教・倫理

b1

- 2293 教養としての宗教入門　中村圭志
- 2459 聖書、コーラン、仏典　中村圭志
- 2668 宗教図像学入門　中村圭志
- 2158 神道とは何か　伊藤　聡
- 1130 仏教とは何か　山折哲雄
- 2135 仏教、本当の教え　植木雅俊
- 2616 法華経とは何か　植木雅俊
- 2765 浄土思想　岩田文昭
- 2416 浄土真宗とは何か　小山聡子
- 2365 禅の教室　藤田一照・伊藤比呂美
- 134 地獄の思想　梅原　猛
- 989 儒教とは何か（増補版）　加地伸行
- 1707 ヒンドゥー教―インドの聖と俗　森本達雄
- 2076 アメリカと宗教　堀内一史
- 2360 キリスト教と戦争　石川明人
- 2746 統一教会　櫻井義秀
- 2642 宗教と過激思想　藤原聖子
- 2453 イスラームの歴史　K・アームストロング　小林朋則訳
- 2639 宗教と日本人　岡本亮輔
- 2306 聖地巡礼　岡本亮輔
- 2310 山岳信仰　鈴木正崇
- 2499 仏像と日本人　碧海寿広
- 2598 倫理学入門　品川哲彦